German

for starters

Teacher's Book

CAMBRIDGE
UNIVERSITY PRESS

INHALT

Copymasters

Introduction

Why choose German for Starters?

German for Starters approaches the language learning experience in a lively, interesting and entertaining way, always encouraging effective communication, whilst underpinning the language presented by a thorough grammatical structure.

The topics and language selected are those which form the content of most Open College or similar accredited courses at Levels I and II, and there is sufficient material for between one and two years' study.

The course provides a firm foundation for those who wish to study further, and is ideal for use with mixed-ability groups, offering additional material for more able students, whilst encouraging slower learners to acquire some basic language for each topic area.

What's in the course?

The course is completely self contained, and consists of the following components:

- **Study Book**

  Each chapter of the course deals with a separate topic. New language is presented and practised over seven pages of each chapter.

  Und so weiter. There is an optional page of extension activities at the end of each chapter, to provide extra practice material for students who work quickly or wish to take the topics one stage further. These could be worked on at home.

  Zum Lernen and *Zum Üben*. These two pages highlight and practise each new grammar point introduced, and include a test of key vocabulary. The grammar explanations have been made as simple and accessible as possible and each one is cross-referenced to a grammar overview (*Grammatik*) at the back of the book.

  Kontrolle. At the end of every four chapters there is a cumulative revision section, practising language learned so far. These could be used for periodic assessment. The *Kontrolle* pages focus on the four main linguistic skills of listening, speaking, reading and writing, and include an additional practice section.

  At the back of the book there are four reference sections:
  - a grammar overview (*Grammatik*)
  - solutions (*Lösungen*) for students' reference
  - transcripts of all the recorded material (*Transkription*)
  - a German–English vocabulary (*Wörterliste*).

- **Recorded material**

  This comprises a variety of presentation and practice material, recorded in Germany using native speakers with a variety of accents.

- **Teacher's Book**

  This includes a suggested teaching sequence for the material in each chapter; ideas for extension activities, solutions and transcripts, plus 36 photocopiable worksheets. Suggestions of when and how to use the worksheets, as well as solutions, are built into the teaching sequence. There are approximately three of these per chapter, offering a variety of games, group and pairwork activities, and individual worksheet activities.

Other features of the course

- **Grammar presentation**

  At the beginning of each chapter of the Study Book, there is a list of the grammar to be covered. Each new grammar point is explained simply on the *Zum Lernen* page and practised on the *Zum Üben* page. The [Zum Lernen] symbol following an activity indicates the appropriate *Zum Lernen* item to consult for support with a new grammar item. Occasionally a language box on the same page highlights a particular point.

All the *Zum Lernen* items are cross-referenced to the grammar overview (*Grammatik*) at the back of the Study Book. This section brings together all the grammar taught in the course and presents it in greater detail.

- **Dual language rubrics**

  Instructions in the Study Book are given in German and English (except those on the *Und so weiter ...* and *Zum Üben* pages, which are in English to facilitate home use). Students will gradually become familiar with the German rubrics, and should be able to respond to oral commands which use the same phraseology.

- **Infotipps**

  Items of useful cultural and historical information about Germany occur frequently throughout the course, giving a flavour of life in German-speaking countries. These are given in English.

- **Realia**

  Extensive use has been made of authentic printed materials from German sources. Students should not be expected to understand every word of these texts, but should be encouraged to develop the skill of reading for gist understanding, and to pick out key words.

- **Language learning games and activities**

  See the section below for ideas on introducing and practising vocabulary and structures.

- **Suitability for the mixed-ability group**

  The course materials are deliberately flexible, aimed at the mixed-ability group, who come to learn German with a variety of experiences of and backgrounds to language learning. You may choose, for example, not to use all the grammar practice exercises with students who are unable to grasp grammatical concepts, or to limit the amount of time spent on realia items with these students. However, keen and able students will benefit from the extension material, and will probably work their way through every exercise with great enthusiasm. You could, for example, have a group listening post in the classroom, and encourage fast workers to attempt the extension listening task whilst slower workers are still working on other tasks. Slower learners in particular will gain encouragement from many of the photocopiable games, which often rely on repetition and fun as the teaching method.

- **Suitability for independent learning**

  German for Starters can be used by students working alone, as well as in class. Any of the activities can be set as homework. Some of the conversation practice exercises (marked with the symbol ⌕/👥) can be used for conversation practice at home, providing students have their own copies of the cassettes.

- **The *Rechtschreibreform***

  Changes to written German implemented under the spelling reforms (1998) have been incorporated into the course.

Conclusion

Adult learners gain great satisfaction and confidence from mastering another language. We hope through this course to promote successful German teaching and learning, and to provide German teachers with an invaluable tool in the language teaching process.

Games

Games are very useful for learning a language and having fun. They generate a lot of language from individuals and create a lively, even competitive atmosphere which brings out the best in students. Below are some suggestions for some games you might like to try. Choose games that you and your students are comfortable with; you will be surprised at what they are prepared to attempt and at the creative language that ensues.

General

Wer bin ich?

In pairs or small groups, one person pretends to be a particular person. The other(s) have to guess who it is. Good practice for jobs, colours, personal information, family members, etc.

W-Fragen

This is a technique for exploiting texts using questions which all begin with 'w' (*Wer? Was? Wann? Wie? Wo? Warum? Wie viel(e)?*).

Finden Sie jemanden …

Issue a list of 10–20 criteria which you know your students will fulfil, e.g. *Mein Nachname beginnt mit T. Ich bin Raucher. Ich wohne in Castleford. Ich habe drei Kinder.* Students interview each other and write the appropriate name next to each statement.

Find the German for …

Write up a few English phrases for which students have to find the German. This is good comprehension practice. It can also be played as a 'first to find the German' team game.

Mitmachen!

A German version of 'Simon says' can be used whenever new commands have been introduced (e.g. directions). Start or end selected commands with the word *Mitmachen!* to keep students alert.

Unsinn!

Summarise or repeat an extract from the book or the recording, but include an element of rubbish which students must identify by calling out *Unsinn!* They could then provide the correct version.

Über den Fluss

On the board draw stepping stones across a river. On them write the vocabulary to be practised – use English or German words or pictures. A student has to choose a path across the river, giving the correct word for each stone they stand on. Any hesitation or mistake and the student 'falls in'. As an alternative, students could give the opposite, or a sentence containing the word.

Was sage ich?

Write the vocabulary haphazardly all over the board. Divide the class into two teams with a representative from each at the board. Say a word, and the first one to circle it with a piece of chalk wins a point for their team.

Ich sehe etwas

This is a German version of I-spy: *Ich sehe etwas. Es beginnt mit …* It is particularly useful for practising the alphabet and vocabulary.

Woran denke ich?

Similar to I-spy, but based on a given range of vocabulary. One person thinks of a word, the others try to guess by asking *Ist das ein(e) …?* To provide more of a clue (and for alphabet practice) they could say *Woran denke ich? Das beginnt mit D…*

Galgen

A useful group game for practising the alphabet, played as Hangman in English. The person who completes the word without being 'hanged' goes on to set the next word.

Gedächtnisspiel/Kim's game

A popular memory game in which everyone looks at a set of objects, words, flashcards or information for a couple of minutes. Remove one or more item or cover them all up. The students have to remember as many items as possible.

Mime

Play as in charades with individual or group mimes. A student does a mime (based on a subject being practised at the time), and the rest of the class guess in German. Alternatively, they can write down a guess for that mime, then state their guesses in turn, scoring a point for each correct one.

Ja und nein verboten

The teacher asks a student questions. The student has to answer without using the words *ja* or *nein*. See who can keep going longest. You may like to introduce phrases like *hoffentlich, das stimmt, selbstverständlich, klar.* Questions like *Essen Sie gern Pizza?* can be answered with *Ich esse sehr gern Pizza.* You can try to catch them out by asking for confirmation: *Pizza? Wirklich? – Ja!*

Können Sie einen Satz bilden?

This is good for practising word order and conjugation of verbs. Write a selection of words on plain paper or card. Demonstrate the point being practised by showing the cards in various combinations. Students hold the cards and physically change places when a new word changes the word order or a question is formed. Then distribute a set of cards to a group and say a sentence in English. The aim is for them to compose the sentence in German by standing in a line in front of the class.

Vocabulary and number games

Lotto

Excellent practice for numbers or any groups of vocabulary. You can prepare *Lotto* cards and counters or students can simply write down a selection of numbers/words and cross them out as you call them. Students should read the numbers/words back in German.

Mehr oder weniger

Think of a number and ask the class to guess it. The only clue you give them is whether your number is *mehr* or *weniger* than the one they have suggested. This works best with a wide range of numbers.

Englisch/Deutsch

Students make cards with a German word or phrase on one side and the English equivalent (or a picture or symbol) on the other. In pairs or small groups, they then deal them out, English side up, and take turns to say the German for each card. If they get it right they keep the card and try the next one as well, until they get to one they can't do or get wrong. Then it is the next player's turn. Any word that a player gets wrong comes up again, so they get plenty of practice. Alternatively, students play in pairs taking half the pack each. They take turns to lay their top card English side up, and their partner has to say the German equivalent. If they get it wrong, they have to pick up the whole pile and put it under their other cards (again ensuring that this vocabulary comes round again). The winner is the first player with no cards.

Pelmanism/Pairs/Paare

This is good for new vocabulary or for revision. Play in pairs or small groups. Students make a number of cards (20–30 works best), writing German words or phrases on half of them and the English equivalents (or symbols) on the others. The cards are shuffled and laid face down. Each student turns over two cards and keeps them if they are a pair. If not, they are put back in place. The winner is the player with the most cards.

Chain games and cumulative games

These can take various forms and practise a range of structures and vocabulary. One version is to repeat what the previous person said and add another item (e.g. for clothing and holiday items: *In meinen Koffer packe ich ein T-Shirt, eine Hose und einen Hut;* or for food and drink: *Ich kaufe ein Brot, zwei Kilo Kartoffeln …*). Students could follow a street plan, each person adding a direction and at any point the teacher could ask: *Wo sind Sie?* A telephone chain game is excellent for number practice. Prepare pairs of telephone numbers – the first one is the student's 'own' number, the second is the one they have to 'ring'. Distribute these randomly around the class. Students must recognise their own number when they hear it and be able to say the other one. (For a group of 10, the pairs of numbers should follow this formula: A+B; B+C; C+D; D+E … etc. … J+A.) This format could also be applied to other structures and vocabulary.

Flashcard games

Richtig oder falsch?

A group game. One student has a pile of flashcards. At random they pick up a card and say something about it in German. The others decide if it is *richtig* or *falsch.*

A variation is that if the statement is *richtig*, everyone repeats it, but if it is *falsch* they keep quiet. Anyone speaking in the wrong place, or failing to repeat a true statement, is out or loses a point. The winner takes over the role of caller.

Fünf Fragen

Hold a card so that the class cannot see it. Give a clue, for example *Ich habe ein Tier.* Students have five attempts to guess which animal it is.

Das passt nicht

Show four word or picture cards and ask students to decide which is the odd one out. Useful for revising previous vocabulary from other topics.

Ich komme aus Deutschland

Topics		Activities
◆	Greetings and introductions	1–2
◆	Nationality and countries	3–5
◆	Numbers 0–100	6–14
◆	Town locations	15–18
◆	Age	19–20
◆	Personal details	21
◆	Farewells	22

Language		Activities	Zum Lernen
◆	Pronunciation		note 1
◆	ich (heiße, wohne, komme, bin)	1–4, 16–17, 19–20	note 2
◆	Sie (heißen, kommen, wohnen, sind)	1–4, 19–20	note 3
◆	Some 3rd person forms (ist, liegt)	16–19	
◆	im (im Norden etc.)	16–18	
◆	aus (ich komme aus)	3–4	

1 Wie heißen Sie? `page 4`

A simple matching exercise introduces *Ich heiße / mein Name ist / ich bin*, plus various greetings.

◆ Introduce yourself in German before you begin.
❖ You could also introduce some less common forms of greeting, such as *Servus!* (common in Austria).

1 _ Hallo! Mein Name ist Hans Meyer.
2 _ Guten Tag! Ich heiße Mehmet Ali.
3 _ Guten Morgen! Ich heiße Jutta Reis.
4 _ Guten Abend! Ich heiße Frau Kötter.
5 _ Hallo! Ich bin Sabine Lessing.
6 _ Grüß Gott! Mein Name ist Herr Schuhmacher.

> 1 E; 2 C; 3 B; 4 A; 5 D; 6 F

2 Und Sie? `page 4`

Pairwork to reinforce introductions and greetings.

◆ Students base their answers on the example in the Study Book.
◆ Focus on the three ways of giving your name: *ich heiße, ich bin, mein Name ist* (the latter is usually followed by a surname response).
❖ Set up a *Kettenspiel*, beginning by introducing yourself, and asking the first student: *Wie heißen Sie?* The student should answer and then ask their neighbour the same question, and so on round the group.
❖ When all have responded using this first form, repeat the process using *ich bin* and *Wie ist Ihr Name?*, which should be answered with *Herr/Frau* and surname.

Language `page 5`

This recording concentrates on pronunciation, offering help with the *ch* sound and the pronunciation of vowels with *umlauts*.

Zungenbrecher – CH

○ Ich heiße Jochen Schuhmacher.
■ Ach so! Ich auch!

Umlaut

- Frankreich
- Holland
- Luxemburg
- Dänemark
- Österreich
- Türkei

3 Und woher kommen Sie? `page 5`

This listening activity introduces some European country names, plus *ich komme aus*.

◆ Go through the country names on the map to practise pronunciation.
◆ Question students to reinforce the vocabulary (e.g. *Woher kommt Herr Borchert? Kommt Marie Lefevre aus England? Wie heißt die Frau aus Dänemark?*).
◆ The solutions are emboldened in the transcript below.

1 ● Guten Tag! Wie ist Ihr Name, bitte?
  ○ Guten Tag! Mein Name ist Herr Borchert.
  ● Und woher kommen Sie?
  ○ Ich komme aus **Deutschland.**

2 ● Hallo! Wie heißen Sie?
  ○ Hallo! Ich heiße Marie Lefèvre.
  ● Woher kommen Sie, Marie?
  ○ Ich komme aus **Frankreich.**

3 ● Guten Tag! Wie heißen Sie, und woher kommen Sie?
  ○ Ich heiße Peter Robinson und ich komme aus **England.**

4 ● Hallo! Wie ist Ihr Name, bitte?
  ○ Mein Name ist Fuhrmann.
  ● Woher kommen Sie, Frau Fuhrmann?
  ○ Ich komme aus **Österreich.**

5 ● Grüß Gott! Wie heißen Sie und woher kommen Sie?
  ○ Grüß Gott. Ich heiße Lisa Werther und ich komme aus **der Schweiz.**

6 ● Guten Tag! Wie heißen Sie?
  ○ Ich heiße Annette Pedersen.
  ● Woher kommen Sie, Frau Pedersen?
  ○ Aus **Dänemark.**

7 ● Kommen Sie auch aus Dänemark?
  ○ Nein, ich komme aus **Holland.**
  ● Wie ist Ihr Name?
  ○ Stoelinga, Joost Stoelinga.

8 ● Woher kommen Sie, bitte?
  ○ Aus **Spanien.**
  ● Und wie heißen Sie?
  ○ Pedro Ramos.

4 Jetzt sind Sie dran! `page 5`

Pairwork to help reinforce *ich heiße, ich komme aus*.

◆ Students base their dialogues on the characters from the previous activity.
◆ Students can introduce themselves in a similar way.

Länderspiel `CM 1.1`

A communicative game to consolidate country names.

◆ Make at least two copies of the cards to ensure that each student will find a partner.
◆ Give each student a card with a country name on it. Students should circulate, asking others in the group where they are from, until each has found a fellow countryman:

(Frank chooses somebody to ask.)
Frank: –   John, woher kommen Sie?
John: –   Ich komme aus Frankreich.
Frank: –   Ich nicht. Auf Wiedersehen.

(Frank moves on to ask Jane.)
Frank: –   Jane, woher kommen Sie?
Jane: –   Ich komme aus Dänemark.
Frank: –   Ich komme auch aus Dänemark.

◆ If students find a fellow countryman quickly, they could take another card.
◆ The same two sets of cards can also be used for Pelmanism (see Games, p. iv).

5   Welches Land ist das? `page 5`

A word puzzle to practise country names.

❖ Run a competition to see who can unjumble the eight country names first.
❖ Test vocabulary using a blank map or European flags.

> 1 Frankreich 2 Holland 3 Spanien 4 Österreich 5 Belgien
> 6 Schottland 7 Dänemark 8 Irland

6   Die Zahlen 0–12 `page 6`

Numbers nought to twelve are introduced by a recording.

◆ Invite choral repetition.

null, eins, zwei, drei, vier, fünf, sechs, sieben, acht, neun, zehn, elf, zwölf

7   Können Sie gut rechnen? (1) `page 6`

Straightforward number practice with simple sums.

❖ Practise numbers 0–12 using a variety of games (see Games, p. iv).

> a fünf b zwölf c neun d drei e elf f zehn g sechs h zehn

8   Lotto! `page 6`

A whole-class game to help reinforce numbers.

❖ Play some more games of Lotto, with yourself calling the numbers, or let students take turns to act as caller.

1   sieben, neun, eins, vier, zwölf, fünf, zehn, zwei, elf, sechs, drei, acht
2   fünf, eins, sieben, acht, sechs, neun, zwei, zehn, vier, drei, zwölf

9   Wie heißt die Frage? `page 6`

A code-breaking game to practise numbers and provide a reminder of vocabulary learned earlier.

❖ Students could try writing other words and phrases in code.

> 1 Wie ist Ihr Name?
> 2 Woher kommen Sie?

10   Die Zahlen 13–20 `page 6`

A recording to introduce numbers 13–20.

dreizehn, vierzehn, fünfzehn, sechzehn, siebzehn, achtzehn, neunzehn, zwanzig

11   Können Sie gut rechnen? (2) `page 6`

Practises numbers 13–20 with simple sums.

❖ Conduct another game of Lotto, but this time students draw and fill in a nine-square grid. This call is not recorded.
❖ Hand over the role of caller to a student, if the group seems keen to play again.

> a dreizehn b fünfzehn c achtzehn d zwanzig e sechzehn
> f vierzehn

Language `page 6`

Another recording to help with pronunciation, concentrating on the sounds v, w and z .

Zungenbrecher – V und W

○   Wie viele Fische schwimmen im Wasser?
■   Zwei?
○   Nein zwölf.

Zungenbrecher – Z

Zehn Ziegen zogen zehn Zentner Zucker zum Zoo.

12   Die Zahlen 20–100 `page 7`

Numbers 20–100 are introduced by a recording.

◆ You may wish to come back to this section after *Wo wohnen Sie? Wo liegt das?* in order to split up the numbers more.
◆ The numbers 20–100 are recorded in tens. Practise these numbers before moving on to the ones in-between.
❖ Use number games for consolidation (see Games, p. iv).

zwanzig, dreißig, vierzig, fünfzig, sechzig, siebzig, achtzig, neunzig, hundert.
einundzwanzig, zweiundzwanzig. fünfunddreißig, achtundsiebzig.

13   Wie ist Ihre Telefonnummer? `page 7`

More number practice involving written prompts and pairwork.

◆ Encourage pairwork to practise asking for and giving telephone numbers.
❖ Say some familiar telephone numbers and see if students can write them down accurately, for example 999; 1471; your local area code(s); the school/centre number.
❖ You could also write up the international codes for Germany (00–49), Austria (00–43), Switzerland (00–41) and any of the other countries presented in this chapter. Then say a telephone number and ask students to decide which country is being called. The map on p. 5 may help with this.

14 Ralfs Anrufbeantworter `page 7` 🎧

Practises recognition of telephone numbers in more extended speech.

◆ The recording may have to be played several times (as in real life!) to enable students to write the numbers accurately.

◆ The solutions are emboldened in the transcript below.

● Hallo Ralf. Hier Sabine. Ruf mich bitte heute Abend an – meine Telefonnummer ist **34 52 71**. Tschüs.

● Wo bist du Ralf?! Ruf Carsten sofort an – **65 93 16**. Ich wiederhole – **65 93 16**. Aber schnell! OK?

● Mein Name ist Zander, von der Firma Berger. Rufen Sie mich bitte unter folgender Nummer an: **22 18 89**. Auf Wiederhören.

● Ralf. Hier spricht Melissa. Kommst du heute Abend mit mir ins Kino? Ruf mich an: **83 17 04**. Bis bald! Tschüs!

● Eine Nachricht für Ralf Meister. Mein Name ist Ursula von Riesen, Telefonnummer **80 08 10**. Bitte rufen Sie mich morgen an. Ich wiederhole – **80 08 10**. Danke.

15 Eine Deutschlandkarte `page 8`

Shows the locations of many important German towns and the *Bundesländer*. Introduces vocabulary for the points of the compass, plus *ich wohne in ...*, and *Wo liegt das? In der Mitte* serves as a rough-and-ready guide for places which cannot be classified under any of the other compass points.

16 Wo wohnen Sie? Wo liegt das? `page 9` 🎧

A recorded matching exercise practises points of the compass and *ich wohne in ...*

1　○ Wie heißen Sie, bitte?
　　● Ich heiße Dieter Wenzel.
　　○ Wo wohnen Sie?
　　● Ich wohne in Dortmund.
　　○ In Dortmund? Wo liegt das?
　　● Das liegt im Nordwesten.

2　○ Und wie heißen Sie, bitte?
　　● Leitner. Markus Leitner.
　　○ Wo wohnen Sie?
　　● Ich wohne in München.
　　○ Ach so. Wo liegt das?
　　● Das liegt im Süden.

3　○ Wie heißen Sie, bitte?
　　● Ich bin Paul Wagner.
　　○ Und wo wohnen Sie?
　　● Ich wohne in Neubrandenburg.
　　○ Neubrandenburg. Wo liegt das?
　　● Das liegt im Nordosten.

4　○ Und Sie? Wie heißen Sie?
　　● Ich heiße Peter Lang.
　　○ Wo wohnen Sie, bitte?
　　● Ich wohne in Freiburg.
　　○ Wo liegt das?
　　● Das liegt im Südwesten.

5　○ Und Sie? Wie ist Ihr Name, bitte?
　　● Mein Name ist Bock. Michael Bock.
　　○ Wo wohnen Sie?
　　● Ich wohne in Erfurt.
　　○ Erfurt. Wo liegt das? Im Norden?
　　● Nein. Das liegt in der Mitte.

> 1 Dieter Wenzel – Dortmund – Bild C
> 2 Markus Leitner – München – Bild A
> 3 Paul Wagner – Neubrandenburg – Bild B
> 4 Peter Lang – Freiburg – Bild D
> 5 Michael Bock – Erfurt – Bild E

17 Richtig oder falsch? `page 9` 🎧

A listening-based true/false exercise to revise all the language of the chapter.

◆ Students go on to supply the correct answers for those which are *falsch* (Solutions emboldened in the transcript below).

1 Ich heiße Peter Braun. Ich wohne in Bremen. Das liegt im Süden.
 (**falsch – im Norden**)

2 Hallo. Ich bin Tina Kraus. Ich wohne in Stuttgart. Das liegt im Südwesten.
 (**richtig**)

3 Mein Name ist Härtling. Ich wohne in Essen. Das liegt im Osten.
 (**falsch – im Nordwesten**)

4 Tag. Ich heiße Jürgen. Ich wohne in Dresden. Das liegt im Nordwesten.
 (**falsch – im Osten**)

5 Ich bin Martin Huber. Ich wohne in Saarbrücken. Das liegt im Südwesten.
 (**richtig**)

6 Ich heiße Monika Pausch. Ich wohne in Fulda. Das liegt im Nordwesten.
 (**falsch – in der Mitte**)

7 Grüß Gott. Mein Name ist Jansen. Ich wohne in Augsburg. Das liegt in der Mitte.
 (**falsch – im Süden**)

8 Ich heiße Christine Knabe. Ich wohne in Kiel. Das liegt im Norden.
 (**richtig**)

18 Jetzt sind Sie dran! `page 9` 👥

Pairwork to practise points of compass and *Wo liegt ...? Im / in der ...*

◆ Students should ask each other questions based on the prompts in the Study Book.

◆ Encourage students to ask each other which town they are actually from and where their town/village is situated.

> Erfurt – in der Mitte
> Heidelberg – im Südwesten
> Augsburg – im Süden
> Rostock – im Nordosten

Aber woher kommen Sie? `CM 1.2`

Practises questions and answers *Wie heißen Sie? / Ich heiße; Woher kommen Sie? / Ich komme aus ...; Wo wohnen Sie? / Ich wohne in ... .*

◆ Students should complete the copymaster in pairs. They need to fill in the gaps, selecting correct town or country names from the menu.

◆ They should then take it in turns to ask and answer questions (*Wie heißen Sie? Wo wohnen sie? Woher kommen Sie?*), basing the role play on the cards provided.

> 1 Frankreich;　2 Barcelona;　3 Stirling;　4 Antwerpen;　5 der Schweiz;
> 6 Guildford;　7 Österreich;　8 Rotterdam;　9 Italien;　10 Kopenhagen;
> 11 Irland;　12 Deutschland

19 Wie alt sind diese Personen? page 10 🎧 + 👥

A guessing game to introduce *Wie alt sind Sie?* and *Ich bin ... Jahre alt.*

◆ This activity should lead to some disagreement and discussion. You may need to introduce some simple new phrases to facilitate this (e.g. *das stimmt / stimmt nicht; Sie haben Recht*).
◆ Play the recording only after students have given their own opinions about the ages.
◆ Solutions are emboldened in the transcript below.

1 Ich heiße Maria Kreiser. Ich bin **35** Jahre alt.
2 Ich heiße Peter Bursch. Ich bin **4** Jahre alt.
3 Ich heiße Rolf Jehring. Ich bin **61** Jahre alt.
4 Ich heiße Andrea Hast. Ich bin **9** Jahre alt.
5 Ich heiße Christian Jakubowski. Ich bin **24** Jahre alt.
6 Ich heiße Gabi Feder. Ich bin **19** Jahre alt.
7 Ich heiße Herr Bacchus. Ich bin **57** Jahre alt.

20 Und Sie? page 10 👥

Pairwork to practise language learned above.

◆ If students are unwilling to give their own ages, they can assume the identity of one of the people in the photos.
◆ Students could adopt the identity of one of the people pictured, and take it in turns to ask and answer questions about their ages (*Wie alt sind Sie? – Ich bin 35 Jahre alt. Sie heißen Maria Kreiser. – Ja, richtig!*)
❖ Give students photos of famous or interesting people from magazines and newspapers. They take on that identity. Invite statements and questions about them – this revises most of the language of the chapter (name, age, country, town).

21 Ein Formular page 10 🎧

Revises all the language learned so far in this chapter. Introduces *ledig, verheiratet, geschieden, verwitwet.*

❖ To further consolidate the language of this chapter, students could fill in forms for some of the people featured in previous exercises.
❖ Students could also fill in a form for someone they know.
❖ Solutions are emboldened in the transcript below.

Ich heiße **Jochen Kitzinger** und bin **43** Jahre alt. Ich komme aus **München** – das ist eine Großstadt in Süd**deutschland**. Ich bin **verheiratet**.

22 Welches Bild ist das? page 10 🎧

A listening activity to introduce farewells.

❖ Students could invent and act out situations using all the language from the chapter, but paying particular attention to greetings and farewells.
❖ As before, you could introduce some less common farewells (e.g. *Ade* from southern Germany).

1 ● Es war sehr schön mit Ihnen zu sprechen. Auf Wiedersehen, Frau Kappler.
  ○ Ja, Auf Wiedersehen, Herr Behrens.

2 ● Ich gehe jetzt nach Hause. Tschüs, Johannes!
  ○ Tschüs! Bis morgen.

3 ● Also, Thomas. Sofort ins Bett. Gute Nacht! Schlaf gut.
  ○ Ja, OK. Gute Nacht, Mama.

4 ● Vielen Dank für den Anruf, Herr Meister. Auf Wiederhören!
  ○ Nichts zu danken, Herr Zander. Auf Wiederhören.

> 1 C; 2 B; 3 A; 4 D

Kreuzworträtsel CM 1.3

A crossword to practise much of the language of the chapter.

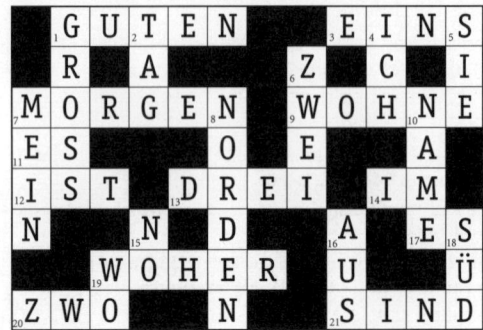

G	U	T	E	N				E	I	N	S
R			A			Z		C			I
M	O	R	G	E	N		W	O	H	N	E
E			N		O		E		A		
I	S	T		D	R	E	I		I	M	
N				N	D				E		S
			W	O	H	E	R		U		Ü
Z	W	O			N			S	I	N	D

Und so weiter ...: Transcripts + Solutions page 11 🎧

1 1 – Guten Tag! Mein Name ist Schmidt. Ich komme aus **Deutschland**. Ich wohne in **Essen**, und ich bin **54** Jahre alt.
  2 – Grüß Gott! Ich heiße Frau Becker, und ich komme aus **Österreich**. Zur Zeit wohne ich in **Linz**. Ich bin schon **63** Jahre alt.
  3 – Hallo! Ich heiße Claudia Wittke, und ich bin **20** Jahre alt. Ich wohne in **Bern** in **der Schweiz**.
  4 – Hallo! Ich komme aus **Deutschland**, und zwar aus **Koblenz,** wo ich wohne. Ich bin **38**, und mein Name ist Müller.
  5 – Guten Tag! Ich bin Magda Stern, **40** Jahre alt, aus **Österreich**. Ich wohne momentan in **Salzburg**.

2 | a sechsundvierzig b fünfundzwanzig c siebzig d neunundfünfzig
  e zwanzig f vierundfünfzig g zweiunddreißig h hundert |

3 Guten Tag! Ich heiße Jens Zapf. Ich bin **38** Jahre alt. Ich bin **1** Meter **83** groß. Ich wohne in Mainz. Meine Hausnummer ist **15**. Meine Telefonnummer ist **73 25 47**. Meine Frau ist **36** Jahre alt, mein Sohn ist **10** Jahre alt, und meine Tochter ist **8**. Ich habe **3** Schwestern. Meine Großmutter ist die älteste in unserer Familie – sie ist **99** Jahre alt! Es gibt **75** Häuser in unserer Straße.

4 – Wie heißen Sie?
  – Woher kommen Sie?
  – Wo wohnen Sie?
  – Wie alt sind Sie?

Zum Üben: Solutions page 13

1	a frage/fragen	4	b; e; f
	b bitte/bitten	5	Bremen liegt im Nordwesten.
	c glaube/glauben		Stuttgart liegt im Südwesten.
	d rufe/rufen		Schwerin liegt im Norden.
	e bleibe/bleiben		Nürnberg liegt im Süden.
2	a vierundneunzig		Rostock liegt im Nordosten.
	b achtunddreißig	6	a Guten Morgen!
	c dreiundsiebzig		b Gute Nacht!
	d siebenundfünfzig		c Guten Tag!
	e sechsundvierzig		d Guten Abend!
	f einundzwanzig		e Tschüs!
3	a Schottland		f Auf Wiedersehen!
	b Deutschland		
	c Österreich		
	d Frankreich		
	e Holland		
	f Spanien		

Vokabeltest: Solution

Wie heißt das auf Deutsch?

Guten Tag; Deutschland; drei; ich komme; Frankreich; fünf; ich wohne; im Süden; neunzehn; alt; verheiratet; ich bin

... und auf Englisch?

he is; I am called; Austria; twin town; bye; you (polite form); twenty; in the south; how many?; to repeat; seventeen; Switzerland

Topics	Activities
◆ Professions and workplaces	1–4
◆ The alphabet	5–7
◆ Addresses	8–9
◆ Numbers above 100	10–11
◆ Job descriptions	12–13
◆ Job adverts	14

Language	Activities	*Zum Lernen*
◆ Asking questions		note 1
◆ Jobs: omission of the article	1–4	note 2a
◆ Masculine/feminine equivalents	2–4	notes 2b &3
◆ *sein*	1–4	note 4
◆ Separable verbs		note 6

---

1   Was sind Sie von Beruf?   page 14 🎧

A listening activity to introduce job related vocabulary,
plus *ich bin …*

◆ Students match the photos to the recordings.
◆ Then they supply the correct names for the gapped sentences below.

1 ● Guten Tag. Wie heißen Sie, bitte?
  ○ Ich heiße Ralf Neumann.
  ● Und was sind Sie von Beruf?
  ○ Ich bin Bäcker. Ich arbeite in einer kleinen Familienbäckerei in der Stadtmitte.
  ● Und wo ist das?
  ○ Ach so, ja – in Passau.
  ● Also, in Süddeutschland. Sehr schön. Danke. Auf Wiedersehen.

2 ● Guten Tag. Wie ist Ihr Name, bitte?
  ○ Mein Name ist Lehrmann, Georg Lehrmann.
  ● Was sind Sie von Beruf, Herr Lehrmann?
  ○ Ich bin Elektriker.
  ● Und wo wohnen Sie?
  ○ Ich wohne jetzt in Lübeck. Ich arbeite bei einer kleinen Firma hier, und ich habe immer was zu tun!
  ● Danke. Auf Wiedersehen, Herr Lehrmann.

3 ● Guten Morgen! Wie heißen Sie, bitte?
  ○ Guten Morgen. Ich heiße Sabine Fischer.
  ● Wo wohnen Sie, Frau Fischer?
  ○ In Salzburg.
  ● Und was sind Sie von Beruf?
  ○ Ich bin Sekretärin bei einer Elektrofirma. Ich arbeite die meiste Zeit am Computer, was mir recht viel Spaß macht.
  ● Ja? Gut. Vielen Dank.

4 ● Guten Tag! Wie heißen Sie, bitte?
  ○ Guten Morgen! Ich heiße Rüdiger Wolf.
  ● Wo wohnen Sie, bitte?
  ○ Ich wohne in Halle.
  ● Und was sind Sie von Beruf?
  ○ Ich bin Exportleiter. Ich bin dafür verantwortlich, daß diese Sachen hier nach Südeuropa kommen und auch nach Afrika und Amerika – also, ein bißchen überallhin.
  ● Ach so! Sehr interessant! Vielen Dank. Auf Wiedersehen.

5 ● Guten Tag! Wie ist Ihr Name, bitte?
  ○ Hallo! Ich bin Katja Oswald.
  ● Was sind Sie von Beruf, Frau Oswald?
  ○ Ich bin Lehrerin an einer großen Schule.
  ● Ja, und wo?
  ○ In Duisburg. Falls Sie das nicht schon wissen, das liegt in Nordwestdeutschland, im Ruhrgebiet.
  ● Ach ja, ich weiß wo das ist. Danke schön. Auf Wiedersehen.

6 ● Guten Tag! Wie heißen Sie, bitte?
  ○ Ich heiße Karin Krause.
  ● Sind Sie berufstätig, Frau Krause?
  ○ Nein, im Moment nicht. Aber ich habe trotzdem sehr viel zu tun. Ich bin nämlich Hausfrau.
  ● Und wo wohnen Sie?

  ○ In Rostock.
  ● Und wo liegt das?
  ○ In Nordostdeutschland. Das ist im früheren Osten.
  ● Danke, Frau Krause. Auf Wiedersehen.

7 ● Guten Tag! Wie heißen Sie, bitte?
  ○ Ich bin Ursula Hohmann.
  ● Und wo wohnen Sie?
  ○ Ich wohne in Ulm.
  ● Was sind Sie von Beruf?
  ○ Ich arbeite nicht mehr – ich bin Rentnerin.
  ● So, danke, Frau Hohmann.

8 ● Guten Tag! Wie heißen Sie, bitte?
  ○ Ich heiße Uli Speer.
  ● Und wo wohnen Sie?
  ○ Ich wohne in Göttingen.
  ● Was sind Sie von Beruf?
  ○ Ich bin Bauarbeiter von Beruf, aber ich bin im Moment arbeitslos. Ich suche eine neue Stelle.
  ● Also, viel Erfolg, Herr Speer.
  ○ Danke.

1 Ralf Neumann – C	2 Georg Lehrmann – B	3 Sabine Fischer – A
4 Rüdiger Wolf – F	5 Katja Oswald – H	6 Karin Krause – G
7 Ursula Hohmann – D	8 Uli Speer – E	

1 Georg Lehrmann	2 Sabine Fischer	3 Karin Krause
4 Katja Oswald	5 Uli Speer	6 Ralf Neumann
7 Ursula Hohmann	8 Rüdiger Wolf	

---

2   Bei der Arbeit   page 15

Some humorous pictures present more vocabulary relating to jobs, for vocabulary building and as preparation for the following pairwork.

◆ At this stage the masculine and feminine forms do not need to be stressed, though you may wish to point out that the indefinite article is omitted when talking about jobs.
◆ It may also be helpful to mention how to form feminine equivalents of the job nouns.

  c Ich bin Volker Vollmann. Ich bin Verkäufer in Velbert.
  d Ich bin Annika Ahrens. Ich bin Ärztin in Augsburg.
  e Ich bin Gernot Gruber. Ich bin Grafiker in Graz.
  f Ich bin Caroline Cornelsen. Ich bin Coiffeuse in Chemnitz.
  g Ich bin Zehra Zötörk. Ich bin Zahnärztin in Zwickau.
  h Ich bin Leon Lichterle. Ich bin Landwirt in Luzern.

---

3   Jetzt sind Sie dran!   page 15 👥

Pairwork based on the vocabulary and characters introduced in activity 2 to practise giving personal details (name, job and place of residence).

◆ Students take it in turns to ask and answer the questions in the Study Book.

4 Und Sie? page 15 👥

Students now personalise new language by saying what they themselves do for a living. They should be at liberty to invent a profession, if they wish.

◆ Encourage pairwork once students have become familiar with the construction *Was sind Sie von Beruf?*

Berufsspiel CM 2.1

A game to be played in groups to practise job vocabulary.

◆ The photocopied sheets should be cut into sixteen word and sixteen picture cards to match in a game of Pelmanism (see Games, p. iv). Make sufficient copies of the sheet for the game to be played in groups of three or four, and go through the vocabulary before the game begins.

◆ You could also follow up with other games to practise job vocabulary, such as job bingo. Pick twenty common jobs and make a list on the board. Students then fill in some jobs on a nine-square grid, as they did for numbers in Chapter 1, and the first to cross off their nine jobs is the winner.

5 Das Berufsalphabet page 15 🎧

The recording introduces students to the German alphabet in a light-hearted way, as well as giving them a further selection of job vocabulary.

A	wie Arzt.	N	wie Nachtwächter.
B	wie Bäcker.	O	wie Offizier.
C	wie Chirurgin.	P	wie Pastor.
D	wie Dolmetscher.	Q	wie Qualitätskontrolleur.
E	wie Elektriker.	R	wie Rechnungsprüferin.
F	wie Fleischer.	S	wie Sozialarbeiterin.
G	wie Grafikerin.	T	wie Taxifahrer.
H	wie Hebamme.	U	wie Unternehmer.
I	wie Ingenieurin.	V	wie Verkäuferin.
J	wie Jäger.	W	wie Wärter.
K	wie Kauffrau.	X	wie Xeroxkopierer.
L	wie Lastwagenfahrer.	Y	wie Yogalehrerin.
M	wie Maurer.	Z	wie Zahnärztin.

6 Das Alphabet page 16 🎧

A recording to consolidate the German alphabet.

◆ Play the recording then practise the alphabet with students, getting them to repeat groups of three or four letters at a time.

◆ Draw students' attention particularly to the vowels a, e and i, which may cause confusion.

❖ Consolidate the *Berufsalphabet* by way of a team memory game. One person says, for example: *Das beginnt mit K.* Without looking at the text, any person from either team may offer the answer by raising their hand (*Sie sind Koch*). Alternatively, team members could be asked to answer in turn.

A B C D E F G H I J K L M N O P Q R S T U V W X Y Z

7 Welcher Beruf ist das? page 16 🎧

A listening activity to practise job vocabulary, the alphabet and spelling.

◆ Students may need to hear each word several times, splitting it into groups of three or four letters at a time. You may need to revise the use of *umlauts* (see Language box, Chapter 1, p. 5).

◆ Give students the opportunity to spell something out in German themselves, for example, their own name. Write what they spell on the board, as a visual confirmation that they are spelling correctly!

❖ Ask students to spell out the name of a German town, or a car, or a famous person, and pause after each letter to allow others to guess the item (e.g. *Das ist eine Stadt: H - A - M - B - U - R - G*).

1	L – E – H – R – E – R.
2	K – R – A – N – K – E – N – S – C – H – W – E – S – T – E – R.
3	E – L – E – K – T – R – I – K – E – R.
4	P – O – L – I – Z – I – S – T – I – N.
5	V – E – R – K – Ä – U – F – E – R.
6	S – E – K – R – E – T – Ä – R – I – N.

8 Wie ist Ihre Adresse? page 16 🎧

This recording provides more alphabet and spelling practice.

◆ Students listen to the recording and fill in the missing details on the envelopes. The solutions are emboldened in the transcript below.

◆ Show how German addresses differ from English ones. Refer students back to the Infotipp in Chapter 1, p. 7, for more detail about postal codes.

❖ 'Invent' addresses for three or more fictitious people, write their name, address, town and telephone number on four slips of paper, and allow students in groups of three to assemble the details correctly. One student reads out the details of each person, and the other two in the group assemble the details.

1 • Guten Tag. Mein Name ist Fuhrmann, Angelika Fuhrmann.
  ○ Wie schreibt man ‚Fuhrmann', bitte?
  • **F – U – H – R – M – A – N – N.**
  ○ Danke. Und Ihre Adresse, Frau Fuhrmann?
  • Lotterstraße 17, 72622 Nürtingen.
  ○ Danke.

2 • Also, Herr Schreiber. Wo wohnen Sie, bitte?
  ○ Ich wohne in Karlsruhe.
  • Ja, und die Straße?
  ○ Jakobstraße 25.
  • **J – A – K – O – B – S – T – R – A – S – S – E?**
  ○ Ja, richtig.

3 • Wie heißen Sie mit Vornamen, Herr Schmidt?
  ○ Arnold. **A – R – N – O – L – D.**
  • Und Ihre Adresse?
  ○ Postweg 21.
  • In Stuttgart?
  ○ Ja.
  • Danke.

4 • Frau Neumeyer, wo wohnen Sie, bitte?
  ○ In Saarbrücken. Meine Adresse ist Im Litzelholz **44.**
  • Im Litzelholz vierundvierzig. Gut. Vielen Dank.

9 Die Gelben Seiten page 17 🎧

More practice at extracting relevant information from a recording, plus number and spelling practice.

◆ Students could work in pairs exchanging the details of, say, another two garages each. Encourage them to ask questions like *Wie schreibt man das? Und wie ist die Telefonnummer?*

◆ It would also be useful to introduce the phrases *Können Sie das bitte wiederholen?* and *Ich wiederhole.*

❖ Alternatively, they could role play a telephone conversation with a prospective customer asking one of the garages for their address.

❖ If further practice is required, make a few statements based on the material given in the Study Book, and ask students to decide whether they are *richtig oder falsch.* They could ask more *richtig/falsch* questions in pairs.

Hallo! Hier sind die Namen, Adressen und Telefonnummern von drei Werkstätten in dieser Gegend.

Nummer 1 ist **H. Greve** in **Barmstedt, Hamburger Straße 51**. Also, Greve: G -R -E - V -E. Die Straße ist Hamburger Straße: H - A - M - B - U -R - G - E - R Straße 51. Dann die Postleitzahl 25355, Barmstedt: B - A - R - M - S - T - E - D - T. Und die Telefonnummer: 0 41 23 ... 23 50. Ich wiederhole: 0 41 23 noch mal die 23 50.

Nummer 2 ist **R. Kersten**. Die Werkstatt ist in **Wedel**, in der **Feldstraße 55**. Also, Kersten: K - E - R - S - T - E - N. Das ist in der Feldstraße: F - E - L - D - S - T - R - A - S - S - E Nummer 55. Das ist in Wedel: Postleitzahl **22880** W - E - D - E - L. Und die Telefonnummer: Vorwahl **0 41 03** und dann **8 51 34**. Also, nochmal: 0 41 03 ... 8 51 34.

Und Nummer 3 – gut aufpassen – ist **Kluczynski**: K - L - U - C - Z - Y - N - S - K - I. Die Werkstatt ist in **25377 Kollmar**: K - O - L - L - M - A - R. Und die Straße heißt **Langenhals**: L - A - N - G - E - N - H - A - L - S **Nummer 3**. Telefon: **0 41 28 ... 4 66**. Ich wiederhole: Vorwahl 0 41 28, dann 4 66.

Tschüs!

Partnerspiel `CM 2.2`

Practises giving and understanding personal details.

◆ You will need to make at least two copies of the sheet, as every student should have an identical card to at least one other person. (The variations in detail between the characters are very minor.)

◆ Students have to identify the person or people with precisely the same ID as their own. In order to do this, students 'circulate', and ask each other the following questions, which you could write on the board or OHP for language support:

   – *Wie heißen Sie mit Vornamen/Nachnamen?/–Wie ist Ihr Name?*
   – *Woher kommen Sie?*
   – *Wie alt sind Sie?*
   – *Wie ist Ihre Adresse?*
   – *Wie ist Ihre Telefonnummer?*
   – *Was sind Sie von Beruf?*

◆ Once students have found a partner/partners, they can sit out of the game, but still need to be available to be interviewed if necessary.

10 Die höheren Zahlen `page 18`

Presentation of the numbers beyond 100.

◆ Students should practise by writing down numbers for each other and checking that they can say them correctly.
❖ Consolidate with number games (see p. iv).

11 Wie viel ist das? `page 18`

Writing exercise to practise numbers above 100.

◆ Students write the cheques in figures and words.
❖ Prepare and copy a list of expressions with gaps for the correct numbers to be added (e.g. ____ *Tage in einem Jahr;* ____ *Mitglieder in einer Fußballmannschaft;* ____ *Sekunden in einer Stunde;* ____ *Hügel in Rom*). Answers to be given in German, of course!

> **A** DM 478   **B** sFr 2 345   **C** £192
> **D** siebenhundertvierundfünfzig Mark
> **E** neuntausendachthundertachtundzwanzig Franken
> **F** fünfhundertsiebzig Schilling.

12 Meine Arbeit `page 19` 🎧

A more involved recording-based activity builds on the theme of jobs, introducing some more descriptive language.

◆ Go through the printed statements describing people's work before embarking on the listening activity, and make sure that students are familiar with the six jobs given in the menu.
◆ Encourage students to concentrate on picking out the relevant information as they listen. They should evaluate this information as a separate operation in order to decide which job it is each time.
◆ The solution is recorded so that students can check their answers, and to reinforce the phrases used.

1 – Also, in meinem Beruf arbeite ich mit meinen Händen. Ich finde, meine Arbeit ist kreativ. Ich arbeite mit Maschinen, die sehr stark sind. Ich arbeite nachts, weil das Brot immer morgens frisch sein muß. Das gefällt mir eigentlich. Nur die Familie findet das nicht so gut. ... Was bin ich von Beruf?

2 – Ich arbeite mit anderen Leuten. Ich arbeite sehr viel mit Kindern und vor allem arbeite ich mit Kranken. Ich finde meine Arbeit sehr gut, denn ich helfe anderen Leuten. Ich arbeite mit meinen Händen und auch mit Computern, denn wir müssen alles aufschreiben. Ich arbeite viel – nachts und tagsüber. ... Was bin ich von Beruf?

3 – Ich arbeite manchmal alleine oder manchmal mit anderen Leuten. Ich arbeite tagsüber und ich arbeite draußen. Meine Arbeit ist ziemlich hart und ich arbeite oft mit Maschinen. ... Was bin ich von Beruf?

4 – Ich arbeite mit anderen Leuten, mit vielen anderen Leuten. Ich arbeite mit Kindern und ich arbeite tagsüber. Ich finde meinen Beruf sehr gut, denn ich helfe anderen Leuten. Ich glaube, meine Arbeit ist kreativ. Ich arbeite an einer Schule. ... Was bin ich von Beruf?

5 – Meine Arbeit? Ich arbeite alleine und ich arbeite nachts. Die anderen Leute sind nicht da, sie schlafen, aber ich nicht. Ich arbeite in einer Fabrik. ... Was bin ich von Beruf?

6 – Und ich? Ich arbeite mit anderen Leuten ... in einem Büro. Ich arbeite tagsüber und ich arbeite mit Computern und mit Maschinen. ... Was bin ich?

> 1 – Was bin ich denn von Beruf? Ja, ich bin natürlich **Bäckerin**! Ich arbeite mit meinen Händen; meine Arbeit ist kreativ; ich arbeite mit Maschinen und ich arbeite nachts in einer Bäckerei. (G, J, N, H)
> 2 – Was bin ich von Beruf? Haben Sie richtig gewählt? Ich bin **Arzt**. Ich arbeite in einem Krankenhaus. Ich arbeite mit anderen Leuten, mit Kindern und mit Kranken. Ich helfe anderen Leuten. Ich arbeite mit meinen Händen und mit Computern und ich arbeite nachts und tagsüber. (A, C, D, E, F, G, H, I)
> 3 – Mein Beruf? **Landwirt** bin ich. Ich arbeite auf einem Bauernhof. Ich arbeite alleine oder mit anderen Leuten. Ich arbeite tagsüber. Ich arbeite draußen und ich arbeite mit Maschinen. (B, A, I, M, N)
> 4 – Haben Sie richtig gewählt? Ich bin **Lehrerin**. Ich arbeite mit anderen Leuten. Ich arbeite mit Kindern. Ich arbeite tagsüber. Ich helfe anderen Leuten. Meine Arbeit ist kreativ. Ich arbeite an einer Schule. (A, B, C, I, E, J, P)
> 5 – Was bin ich? Ja, **Nachtwächter**. Ich arbeite alleine. Ich arbeite nachts in einer Fabrik. (B, H, K)
> 6 – Und ich? Ich bin **Sekretärin**. Ich arbeite mit anderen Leuten in einem Büro. Ich arbeite tagsüber. Ich arbeite mit Computern und mit Maschinen. (A, L, I, F, N)

13 Und Sie? `page 19` 👥

Consolidates all job-related language with active practice as students talk about their work in pairs.

❖ Students could describe another profession as well as / instead of their own. This could be prepared as a homework activity, with the aid of a dictionary if necessary. At the next class, others can then guess what they do for a living.

14 Stellenangebote `page 20`

A realia-based reading comprehension to consolidate and expand the theme of jobs.

◆ The authentic job adverts on this page are quite demanding linguistically, but the questions set in English should enable students to pick out quite a lot of detail. You may need to provide additional language support.
❖ Students could also prepare an advert for their own job.

> 1 no later than 6 p.m.   2 Saturday   3 four   4 by phone or in writing
> 5 experience and commitment   6 Toyota   7 English   8 yes

Kapitel 2

Stellengesuche `CM 2.3`

A reading activity which broadens and consolidates knowledge of job vocabulary.

- ◆ Students read some job adverts and complete a table in English, extracting the information required to complete the table, rather than trying to understand every word.
- ◆ The adverts are authentic and contain a lot of new vocabulary – some support may be required.
- ◆ It may be best for pairs of students to work on two or three of the adverts and report back to the whole class.

Und so weiter ...: Transcripts and Solutions `page 21`

1
- ● Guten Tag. Sie sind Guido Schaffner, nicht wahr?
- ○ Ja, richtig.
- ● G – U – I – D – O S – C – H – A – F – F – N – E – R?
- ○ Ja, richtig.
- ● Und wie alt sind Sie, Herr Schaffner?
- ○ Ich bin **23** Jahre alt.
- ● Gut. Und sind Sie **Deutscher**?
- ○ Ja, ich bin aus Deutschland.
- ● Wie ist Ihre Adresse in Deutschland?
- ○ Meine Adresse ist **Adenauerstraße 11, 54318 Mertesdorf.**
- ● Mertesdorf, M – E – R – T – U – S – D – O – R – F?
- ○ Nein, Mertesdorf, mit E in der Mitte, nicht U.
- ● Gut. Und wie ist Ihre Telefonnummer?
- ○ **51 18 6.**
- ● 51 18 6. Und die Vorwahl?
- ○ Die ist **054.**
- ● Und was sind Sie von Beruf, Herr Schaffner?
- ○ Im Moment bin ich **arbeitslos.**
- ● OK. Vielen Dank. Das wären alle Fragen.

2
1 Mein Name ist Hans Grüner: **G – R – Ü – N – E – R.** Meine Adresse ist Im Litzelholz 33.

2 Ich heiße Pedanski, mit Vornamen Jutta: **P – E – D – A – N – S – K – I.** Ich wohne in der Friedrichstraße, Nummer 4.

3 Ich heiße Lothar Reiss: **R – E – I – S – S.** Meine Adresse ist Wiener Straße 23.

4 Mein Name ist Heike Lodenberger: **L – O – D – E – N – B – E – R – G – E – R.** Meine Adresse ist **Friedrich-Ebert-Allee 403.**

3
Polizist.

4
1 Eine Durchsage für einen Kunden, der einen roten Volvo besitzt: Kennzeichen **HB-NR 483.** Ich wiederhole: Volvo Kennzeichen HB-NR 483. Können Sie Ihr Auto bitte richtig parken. Es behindert die Durchfahrt für andere Kunden.

2 Achtung! Achtung! Eine Kundendurchsage. Könnte der Kunde mit dem grauen VW-Golf Kennzeichen **GT-KV 7219** bitte sofort zum Kundendienst kommen. VW-Golf Kennzeichen GT-KV 7219 sofort zum Kundendienst. Danke.

3 Wir bitten folgenden Autofahrer sich sofort zum Parkplatz zu begeben und sein Auto von der Notausfahrt wegzufahren: **WST-ER 8047.** Ich wiederhole: der Besitzer des blauen Opel Kennzeichen WST-ER 8047. Bitte sofort Ihr Auto wegfahren!

4 Eine Durchsage für den Kunden mit einem schwarzen Ford: Kennzeichen **CE-QZ 5674.** Ihr Autoalarm läutet. Gehen Sie bitte zum Auto, Besitzer des schwarzen Ford: CE-QZ 5674. Danke.

5
- – Wie heißen Sie mit Vornamen?
- – Und mit Nachnamen?
- – Wie schreibt man das?
- – Was sind Sie von Beruf?
- – Wie ist Ihre Adresse?
- – Wie ist Ihre Telefonnummer?
- – Und die Vorwahl?

Zum Üben: Solutions `page 23`

1
- a Woher
- b Wie
- c Was
- d Wie
- e Wo
- f Wie
- g Wo
- h Wie

2
- a achtundsechzig (68)
- b hundertdreiundachtzig (183)
- c zweihundertdreiundfünfzig (253)
- d sechshundertneunzig (690)

3 1 b; 2 c; 3 d; 4 e; 5 a

4
- a male/Ärztin
- b female/Büroangestellter
- c female/Krankenpfleger
- d male/Briefträgerin
- e female/Kellner

Vokabeltest: Solution

Wie heißt das auf Deutsch?

die Schule; arbeiten; der Kellner; die Stelle; neunundneunzig; hundertdreiundfünfzig; mit; das Büro; das Geschäft; der Polizist; die Hausfrau; der Elektriker

... und auf Englisch?

employed; unemployed; nights / during the night; pensioner (male); he writes; dialling code; days / during the day; dentist (male); shop assistant (female); you ask (polite form); how?; who?

Topics	Activities
◆ Homes	1–8
◆ Furniture	9–11
◆ Property ads	12

Language	Activities	*Zum Lernen*
◆ Gender	9–11	note 1
◆ Subject/Object		note 2
◆ *er, sie, es*	1, 4, 8, CM3.1	note 3
◆ *sie* meaning 'they'	1	note 4
◆ Adjectives	9–11	note 6
◆ Directional and positional adverbs	5, 6, 8	note 7

1 Hier wohnt ... `page 24`

Presentation of types and location of housing. New grammar includes the distinction between *Sie*, *sie* (she) and *sie* (they); 3rd person singular regular verb forms; *ist* ; definite articles (receptive).

◆ The texts in the captions serve as a basis for the explanation of new lexis and grammar.

❖ Ask students questions based on the text:
Wer wohnt in Berlin?;Wo arbeitet Herr Lakow?; Wo liegt die Wohnung?; Was ist Herr Becker von Beruf?; Wo arbeitet Frau Becker?; Wie ist das Haus?; Wo liegt es?; Was ist Achim Ali von Beruf?; Wo ist das Reihenhaus?; Wie heißt Maria mit Nachnamen?; Wie alt ist sie?; Was ist sie von Beruf?

2 Richtig oder falsch? `page 24` 🎧

A true/false listening activity to test comprehension of language introduced in activity 1.

◆ Students note anything which doesn't agree with the text (printed in bold in the transcript below). Then they correct the false statements.

1 – Guten Tag! Ich heiße Rüdiger Lakow. Unsere Wohnung liegt **am Stadtrand**. Meine Frau ist Hausfrau und ich bin Ingenieur. Wir wohnen in **Mainz**. (falsch)

2 – Grüß Gott! Ich bin Karin Becker. Mein Mann ist Beamter und ich bin **nicht berufstätig**. Wir wohnen in einem **Reihenhaus** am Stadtrand von Stuttgart. (falsch)

3 – Hallo! Ich bin Öme Turanli. Ich wohne in der Stadtmitte von Hamburg – in einem Reihenhaus. Ich bin **verheiratet**. Ich bin **Busfahrer** von Beruf. (falsch)

4 – Ich bin Maria Backhaus, und ich bin ledig. Ich bin Kindergärtnerin. Ich bin **36** Jahre alt. Ich wohne in einem Einfamilienhaus in **einer Stadt** in Hessen. (falsch)

Er wohnt, sie wohnt `CM 3.1`

A simple, information-gap pairwork task to practise using *er, sie* (she) and *sie* (they).

◆ Students take it in turns to 'interview' each other to find out information and fill in the gaps on their cards. Help in constructing the necessary questions is given.

3 Wo wohnen Sie genau? `page 25` 🎧

This listening activity introduces more new language for describing where you live, and introduces *er/sie/es*.

◆ A table provides useful support, including some adjectives and qualifiers. Using this as a guide, students can go on to describe where the people live.

1 ● Wo wohnen Sie genau?
  ○ Also, ich wohne in einem Dorf, nicht weit von Hannover. Es ist ziemlich klein und sehr alt. Und mein Haus? Ich wohne in einem Einfamilienhaus. Es ist groß und alt und liegt im Dorfzentrum.

2 ● Und Sie? Wo wohnen Sie genau?
  ○ Ich wohne in einer Wohnung – im dritten Stock – am Stadtrand. Das ist in einer Kleinstadt etwa 80 km östlich von Dortmund entfernt. Die Stadt ist ziemlich interessant und nicht zu groß.

3 ● Wo wohnen Sie genau?
  ○ Ich wohne in einem Reihenhaus am Stadtrand, etwa 10 km von der Stadtmitte. Das Haus ist sehr neu aber ziemlich klein. Ich wohne in einer Großstadt in Süddeutschland. Die Stadt ist alt und sehr interessant.

4 ● Und Sie? Wo wohnen Sie genau?
  ○ Ich wohne in Norddeutschland in einer Hafenstadt an der Ostsee. Die Stadt ist ziemlich klein und alt und sehr interessant. Ich wohne in einem Einfamilienhaus im Stadtzentrum. Mein Haus ist nicht sehr groß.

> **1C** (Wietze); **2A** (Gütersloh); **3D** (München); **4B** (Flensburg)

4 Jetzt sind Sie dran! `page 25`

Encourages productive use of language to describe given houses and their locations.

◆ Students can either work in pairs or alone, recording their descriptions.
❖ For further activities, see Games, p. iv.

> 1 Ich wohne in einer Stadt, etwa 80 km südlich von München entfernt. Ich wohne in einer Wohnung im ersten Stock.
> 2 Ich wohne in einer Hafenstadt im Norden. Ich wohne in einem Einfamilienhaus am Stadtrand.
> 3 Ich wohne in einer Großstadt im Osten. Ich wohne in einem Reihenhaus in der Stadtmitte / im Stadtzentrum.

5 Werderstraße `page 26`

A simple street plan to introduce some basic directions.

> Herr Gleisbach – Werderstraße 1; Familie Wenzel – Werderstraße 2; Frau Selig – Werderstraße 3; Familie Ostermann – Werderstraße 4

6 Herzlich willkommen bei uns! `page 26` 🎧

A listening activity to introduce vocabulary for rooms.

◆ Students note down the order in which the rooms are mentioned, and discard redundant language.
❖ For further practice, see Games, p. iv.

Also, ich zeige Ihnen das Haus. Kommen Sie bitte mit. Hier ist die Küche, sehen Sie, dort links? ... Und hier daneben ist das Esszimmer. ... Hier vorne ist das Wohnzimmer – schön groß und hell, nicht? ... Dann haben wir rechts eine kleine Toilette ... und dort unten ist die Waschküche. ... Kommen Sie jetzt mit nach oben, ja hier die Treppe hoch ... So, das hier rechts ist das Badezimmer ... und daneben ist Ankes Zimmer – ein bisschen unordentlich, nicht? Das hier vorne ist das Arbeitszimmer von Ulrich ... dort oben ist der Dachboden – den benutzen wir aber nicht sehr oft ... Und hier links ist Ihr Schlafzimmer. Hoffentlich ist das bequem für Sie. So ... trinken Sie jetzt einen Kaffee? Gehen wir wieder nach unten!

1 B; 2 F; 3 C; 4 D; 5 K; 6 J; 7 G; 8 H; 9 A; 10 E; 11 I
basement: K
ground floor: (clockwise from bottom left) B, F, C, D
(stairs) J
first floor: (clockwise from bottom left) A, H, G, I
loft: E

7 Ferienhäuser `page 27`

A realia-based reading comprehension to extend the vocabulary used to describe and compare accommodation.

❖ Ask questions in German: *Welches Haus hat ...?; Wie viele Schlafzimmer hat das Haus ...?; Wo kann man ...?; Was hat das Haus?*

❖ Students could describe their ideal holiday cottage, orally or in writing.

1 B, D; 2 B; 3 A; 4 A; 5 D; 6 D; 7 A, B; 8 C

8 Jetzt sind Sie dran! `page 27`

Productive use of new language as students describe their own home.

◆ The description can be written. You could then call on students to read out their work.

❖ Students could also practise orally in pairs, with sketches being drawn to check comprehension.

9 Die neue Wohnung `page 28` 🎧

A listening comprehension to introduce *ein/eine/ein* receptively and demonstrate the relationship between definite and indefinite articles. The activity also revises the use of *zu* with an adjective.

◆ Refer students to the Language box on p. 28 before attempting this activity, so that they are clear about the relationship between the definite and indefinite articles.

◆ Ask further questions: *Wie ist der Stuhl? Der Stuhl ist zu klein.*

◆ The solutions are emboldened in the transcript below.

❖ Practise the correlation between *der/die/das* and *ein/eine/ein* by making some flashcards using pictures of furniture labelled with the definite article, and asking the question: *Was ist das? Das ist ein/eine/ein ...*

❖ Play a kind of 'I Spy' game, by saying: *Ich denke an etwas. Das ist ein DER-/DIE-/DAS-Wort. Was ist das?*

❖ Use the cartoon on this page to reinforce the use of *ein/eine/ein*. Students could guess what the work of art could represent.

● Guck mal, Ralf, **der Stuhl** da.

○ Ach, der Stuhl ist zu klein! Aber hier ist ein Bett, Kerstin.

● Ach was! **Das Bett** ist zu lang! Oh, eine schöne Garderobe.

○ **Die Garderobe** ist zu dunkel, nicht?

● Und **das Sofa**, das ist viel zu bunt!

○ Nun, für die Küche ...

● Oh, hier, guck mal ... oh nein, **der Herd** ist zu teuer und **die Waschmaschine** ist zu groß!

○ Schau mal, **der Tisch** da ist doch rund!

● Oh nein! Und **die Stereoanlage** ist viel zu hoch!

○ Kerstin, hier ist ein Schrank. Schön, nicht?

● Nein! **Der Schrank** ist doch nicht aus Holz!

○ Hier, ein Bücherregal.

● Oh ja, **das Bücherregal** ist absolut perfekt!

10 Zu gewinnen! `page 29`

A simple memory game to practise the indefinite article. Also introduces new furniture vocabulary and adjectives.

◆ Make sure that the new vocabulary is familiar and reinforced before playing this game, then students close their books and try to remember as many items ('prizes') as possible.

◆ This can be played as a chain game (see who can keep going the longest) or by individuals (see who can 'win' the most prizes).

❖ Even more demanding would be a cumulative chain game where students have to repeat all the previous items and add one more.

11 Wie sind die Möbelstücke? `page 29`

More practice of the definite article and adjectives, plus some more productive language work.

◆ This can be done orally or in writing, perhaps in pairs.

Die Kommode ist dunkel.
Das Kopfkissen / die Bettdecke ist weich.
Die Stehlampe ist hoch.
Der Nachttisch / der Geschirrspüler / die Schrankwand / das Videogerät ist praktisch.
Das Doppelbett / das Kopfkissen / der Fernseher ist groß.
Das Doppelbett / der Stuhl / der Sessel ist bequem.
Der Sessel ist bunt.
Die Lampe / der Spiegel / der Kühlschrank / der Fernseher / die Stehlampe / der CD-Spieler / die Uhr ist modern.
Der Tisch ist lang.
Der Spiegel ist rund.

Wie ist die Stereoanlage? `CM 3.2`

This game for groups of four players focuses on gender, furniture and adjectives.

◆ Before beginning, be sure that all new vocabulary has been introduced (e.g. *der Fernseher, die Lampe, hell, hart, altmodisch, weich*).

◆ Each player has a card showing three items of furniture with an adjective describing each one, and three questions to ask about other players' items of furniture.

◆ Player 1 begins by asking another player the first question on their card (e.g. *Wie ist die Stereoanlage?*). If the player questioned has the picture of a stereo, they answer using the adjective on their card (*Die Stereoanlage ist zu altmodisch*). Player 1 writes down the answer and can now ask a second question, picking another person to ask.

◆ If the player questioned does not have the picture of a stereo, they answer: *Ich weiß nicht*. It is now Player 2's turn to ask a question. The winner is the first player to fill in all three gaps on their card.

◆ If you wish to demand strict accuracy, you could impose a penalty on anyone who gets a gender wrong (e.g. they forfeit getting an answer to their question and must wait until their next turn before they can ask again).

12 Immobilienmarkt `page 30`

A realia-based reading comprehension to introduce language and abbreviations used in newspaper accommodation ads.

◆ Discuss some of the differences between living in Germany and in the UK.

◆ Follow up with questions in German to encourage students to extract specific vocabulary items.

❖ Students could write a small ad. for their own home based on those in the book (this could be done as homework).

❖ In pairs or individually, students could write an ad. to suit the requirements of one of the *Mietgesuche*. Other students could then work out which of the *Mietgesuche* the ad. is aimed at.

1 TZ 4632; 2 5 rooms, kitchen, bathroom, WC; 3 area of 120 – 250 m²; 4 up to DM 1000 / week; 5 from 1. April; 6 10 km; 7 DM 700,000 ; 8 (any 3) northern suburbs of Dortmund; at least 125 m²; at least 5 rooms; guest cloakroom or second bathroom; up to DM 790,000; 9 120 – 400 m²

1 c; 2 a; 3 c; 4 a; 5 b; 6 c

3 – Wie ist das Esszimmer?
    – Wie ist das Wohnzimmer?
    – Wie ist die Küche?
    – Wie ist das Badezimmer?
    – Wie sind die Schlafzimmer?

Große Wortsuche `CM 3.3`

A wordsearch to revise much of the vocabulary of the chapter.

B	E	T	T	B	A	D	E	Z	I	M	M	E	R	T	R	W
L	I	N	K	S	Q	P	W	O	H	N	U	N	G	O	E	O
T	F	T	O	B	E	N	L	A	N	G	E	S	S	I	C	H
I	B	U	N	T	K	L	E	I	N	W	S	O	T	L	H	N
S	X	U	T	F	Z	B	D	V	D	L	S	F	A	E	T	Z
C	Z	I	V	K	K	E	L	L	E	R	Z	A	D	T	S	I
H	G	F	U	U	R	R	T	Q	O	J	I	P	T	T	C	M
F	E	R	N	S	E	H	E	R	G	J	M	L	R	E	H	M
V	E	R	H	E	I	R	A	T	E	T	M	G	A	W	L	E
S	T	U	H	L	K	U	D	P	I	I	E	T	N	E	A	R
Z	A	V	B	W	T	Y	X	S	D	O	R	F	D	I	F	N
O	P	A	V	V	Z	X	F	P	L	A	M	P	E	C	Z	F
X	Z	I	S	T	E	O	U	G	I	T	H	P	E	H	I	K
W	A	S	C	H	M	A	S	C	H	I	N	E	A	O	M	O
R	E	I	H	E	N	H	A	U	S	U	N	T	E	N	M	E
E	I	N	F	A	M	I	L	I	E	N	H	A	U	S	E	W
U	J	D	H	I	E	R	X	Z	W	L	E	D	I	G	R	H

Und so weiter …: Transcripts + Solutions `page 31`

1 1 – Kommen Sie bitte herein! Hier ist unsere Wohnung … hier rechts ist das Badezimmer … hier vorne ist die Küche mit Essnische … daneben links ist das Wohnzimmer. Und hier ist das Schlafzimmer. Die Wohnung ist klein aber gemütlich!

   2 – Herzlich willkommen bei uns, Frau Peters! Ich zeige Ihnen unsere Wohnung. Hier vorne ist das Esszimmer. Daneben rechts ist die Küche, und daneben links ist das Wohnzimmer. Nun, am Ende des Flurs sind die zwei Schlafzimmer, und hier rechts neben der Haustür ist das Badezimmer.

   3 – Ja, hier ist unsere Wohnung. Die zwei Schlafzimmer sind hier links – das hier ist Ihr Zimmer, Herr Wilson. Das Badezimmer ist da vorne, sehen Sie? Und hier rechts vom Flur finden Sie das Wohn- und Esszimmer, ein kombiniertes Zimmer, und unsere Küche. Machen Sie es sich hier bequem!

1 b; 2 c; 3 a

2 ● Guten Tag, Kehler.
   ○ Guten Tag. Die Wohnung in der Zeitung, ist sie noch frei?
   ● Ja, sie ist noch frei.
   ○ Wie groß ist die Wohnung, bitte?
   ● Sie ist 70 Quadratmeter groß.
   ○ Und wie viele Zimmer hat die Wohnung?
   ● Sie hat ein Wohn- und Esszimmer, eine Küche, ein Schlafzimmer und ein Badezimmer.
   ○ Ist die Wohnung möbliert?
   ● Ja, sie ist völlig möbliert.
   ○ Und wie sind die Zimmer, bitte?
   ● Das Wohnzimmer und das Schlafzimmer sind beide sehr groß und hell. Das Wohnzimmer hat auch einen Balkon.
   ○ Wie liegt das Haus?
   ● Das Haus ist ziemlich neu und liegt sehr ruhig am Stadtrand.
   ○ Gut. Darf ich mal kommen …

Zum Üben: Solutions `page 33`

1 a What is your name?
   b Where does she live?
   c Are they married?
   d She comes from France.
   e They work in Mainz.
   f Where are you from?
2 a wohnt; b kommt; c kommen; d liegt; e arbeiten; f heißt
3 vorne, links, rechts, hinten, oben
4 a ein; b ein; c die; d ein; e eine; f ein
5 a Das Fenster ist kaputt.
   b Der Kamin ist ganz modern.
   c Der Teppich ist nicht sehr schmutzig.
   d Die Waschmaschine ist zu voll.
   e Das Blumenbeet ist hervorragend.
6 a teuer; b weich; c klein; d lang; e hoch

Vokabeltest: Solution

Wie heißt das auf Deutsch?

die Wohnung; die Familie; die Stadtmitte; das Dorf; groß; in der Nähe von; der Schrank; rechts; die Küche; der Wohnzimmer; schön; teuer; der Stuhl; schnell

… und auf Englisch?

single; ground floor; small; bedroom; in front; hall; quite; a little bit; oven; table; clock/watch; TV set; comfortable; boring

Kapitel 4 — Meine Familie

Topics	Activities
◆ Family relationships	1–6
◆ Pets	7–10
◆ Personal ads.	11–12
◆ Letters of introduction	13
◆ Days of the week	Infotipp (p. 39)

Language	Activities	*Zum Lernen*
◆ Nominative case	1–3, 5, 7–8	note 2
◆ Accusative case	4–7, 9–10	note 3
◆ *wir*	9	note 4
◆ Possessive adjectives	1, 6, 8, 9–10	note 5
◆ *kein(e)*	6, 9	note 6
◆ *haben*	4–6, 9–10	note 7
◆ Pronouns (*er/sie/es*)	6, 9	note 8

1 Das ist meine Familie page 34 🎧

A listening activity to introduce family vocabulary and possessive adjectives in the nominative case.

◆ You may wish to pre-teach vocabulary using flashcards.
◆ To help explain the nominative, refer to the Language box on p.34.
❖ In German, introduce a well-known family such as the British royal family (e.g. *Charles ist der Bruder von Andrew*). Write key vocabulary on the board or OHP.
❖ Practise the new vocabulary further with games (see p. iv).

Hier sind einige Fotos von meiner Familie. Das ist mein Bruder, Jan. Das ist mein Opa, also mein Großvater. Und das ist mein Onkel Peter. Und dieses Foto hier, das ist mein Vater. Er heißt Bernd. Das ist meine Frau. Christina. Schön, nicht? Und das ist meine Oma, meine Großmutter. Ich habe viele Fotos, was? Also, das ist meine Mutter. Sie heißt Angela. Und das ist meine Schwester, Karin. Sie ist jünger als ich. Das hier ist meine Tante Ilse – die Schwester von meinem Vater. Und die zwei Kinder hier, das sind meine Cousine und mein Cousin. Ach ja, die beiden da, das sind meine Schwiegereltern – die Mutter und der Vater von meiner Frau. Und das letzte Foto, das bin ich! So, das ist meine Familie!

> C, I, F, B, J, H, A, D, E, G, K, L

2 Familienstammbaum page 35

Puzzle in which students identify family relationships using a simple family tree.

◆ Read the 'poem' with students (they could each read a section as a 'chain poem').

> Großmutter/Enkelin; Onkel/Neffe; Schwester/Schwester; Enkel/Großvater; Mutter/Tochter; Bruder/Bruder; Cousine/Cousine; Stiefbruder/ Stiefschwester; Schwiegertochter/Schwiegermutter; Mann/Frau

3 Jetzt sind Sie dran! page 35

More active use of family vocabulary based on the previous poem.

◆ Working in pairs, students could ask each other questions: *Wer ist ...?*, or *Wer ist die Mutter von ...?*, etc.

4 Familien page 36 🎧

Matching activity to foster aural comprehension of family vocabulary. Introduces accusative case and *kein*.

◆ Before playing the recording, you could introduce new language using the flow chart on this page.
◆ For an explanation of *kein*, refer to the Language box on p.37.

1 Ich heiße Rüdiger und ich bin verheiratet. Wir haben einen Sohn – er heißt Peter.
2 Ich bin Anke und ich habe zwei Schwestern.
3 Hallo! Ich heiße Gudrun. Mein Mann und ich haben drei Kinder – zwei Töchter und einen Sohn.
4 Ich bin Raphaela. Ich bin Einzelkind, das heißt, ich habe keine Geschwister.
5 Ich heiße Marga und ich habe ein Kind – eine Tochter. Ich bin nicht verheiratet. Meine Tochter ist jetzt sechs Jahre alt.
6 Ich bin Matthias. Ich bin von meiner ersten Frau geschieden, aber ich habe wieder geheiratet und wir haben jetzt zwei Kinder – eine Tochter und einen Sohn.
7 Ich heiße Anne Reuss. Ich bin verheiratet, aber mein Mann und ich haben bis jetzt keine Kinder.
8 Ich bin Kristian und ich habe eine Schwester und einen Bruder. Meine Schwester ist acht Jahre alt und mein Bruder ist fünf Jahre alt.

> 1 D; 2 C; 3 A; 4 G; 5 E; 6 H; 7 B; 8 F

5 Wie sind die Familien? page 36

Active practice of family vocabulary and the accusative case, building on the previous exercise. Also introduces *er hat/sie hat*.

◆ The descriptions can be in the nominative (*Das sind eine Frau, ein Mann*) or in the accusative (*Sie hat einen Mann, zwei Töchter*).
◆ Refer to the Language box on p. 37.
❖ As an extension activity, students could play *Wer bin ich?* (see Games, p. iv).

> B Das sind eine Frau und ein Mann. / Sie hat einen Mann.
> C Das sind drei Schwestern. / Sie hat zwei Schwestern.
> D Das sind ein Mann, eine Frau und ein Sohn. / Er hat eine Frau und einen Sohn.
> E Das sind eine Mutter und eine Tochter. / Sie hat eine Tochter.
> F Das sind zwei Brüder und eine Schwester. / Er hat einen Bruder und eine Schwester.
> G Das ist ein Einzelkind.
> H Das sind ein Mann, eine Frau, ein Sohn und eine Tochter. / Er hat eine Frau, einen Sohn und eine Tochter.

6 Und Sie? page 36 👥

Pairwork to encourage productive and personal use of language. A flow chart provides language support.

◆ Students could look at the example in the Study Book and take it in turns to ask others questions about their families, working in pairs, groups or as a whole class.
❖ To make this more demanding and to practise the use of possessive adjectives, you could ask for more details (i.e. names, ages of siblings/children).
❖ When students have given information about their families, turn to the rest of the group and ask: *Hat er/sie Kinder/Geschwister?*

Familienkreuzworträtsel CM 4.1

A crossword to consolidate some of the new vocabulary.

◆ Students could be given copies of the crossword to complete at home.

S¹	T	I	E	F	T²	O	C	H	T	E	R³
O					A						R
H⁴	A	B	E		N⁵	E	F⁶	F	E		H⁷
N					T		R				A
		V⁸	E	R⁹	H	E	I	R	A	T	E	T

(crossword grid)

S T I E F T O C H T E R
O · · · · A · · · · · R
H A B E · N E F F E · H A
N · · · · T · R · · · A
· V E R H E I R A T E T
D A S · · N · U · · · ·
· T · · · · · S · · D U
G E S C H W I S T E R · ·
R · · · · · N · · E S
· · K I N D E R · · I

7 Haben Sie ein Haustier? page 37

A listening exercise introducing vocabulary relating to pets and providing further practice of the accusative after *haben*.

◆ Pre-teach pets vocabulary using Copymaster 4.2.
◆ Refer to the Language box on p.37 for an explanation of the accusative.
◆ The solutions are emboldened in the transcript below.

1 ● Haben Sie ein Haustier?
  ○ Ja. Ich habe **einen Hund und zwei Katzen**. Mein Hund heißt Mozart und die Katzen heißen Brahms und Liszt.
  ● Ach so. Eine sehr musikalische Familie!

2 ● Ein Haustier? Ich? Aber nein, ich habe **kein Haustier**. Ich kann sie nicht leiden – ich bin allergisch gegen Haustiere.

3 ● Und Sie? Haben Sie ein Haustier?
  ○ Ja. Ich habe viele Haustiere. Ich habe **zwanzig Goldfische, eine Schlange und viele Mäuse** – die sind für die Schlange.
  ● Eine Schlange, das ist interessant, aber nichts für mich!

4 ● Ob ich ein Haustier habe? Ja, natürlich. Ich habe **einen Papagei**. Er heißt Popeye und sitzt im Wohnzimmer vor dem Fernseher. Er ist niedlich.

5 ● Haben Sie ein Haustier?
  ○ Ich nicht. Aber meine Kinder haben viele: sie haben **zwei Meerschweinchen, zwei Ratten, eine Maus, drei Kaninchen und eine Schildkröte** – aber sie ist schon sehr alt.
  ● Ihr Haus muss ein wirklicher Zoo sein!
  ○ Zum Glück haben wir einen großen Garten.

6 ● Und Sie? Haben Sie viele Haustiere?
  ○ Viele nicht, nur **ein Pferd und einen Hamster**.
  ● Ein großer Unterschied zwischen den Tieren, nicht?
  ○ Ja, aber sie sind beide sehr süß.

7 ● Haben Sie Haustiere?
  ○ Ich habe viele Vögel im Garten.
  ● Was für Vögel haben Sie?
  ○ **Acht Wellensittiche** und **einen Kanarienvogel**. Ich hatte mehr, aber einige sind gestorben.

8 ● Was für Haustiere haben Sie?
  ○ Ich habe **viele Insekten**. Ich finde sie sehr beruhigend.
  ● Wirklich!

Haustiere CM 4.2

Flashcards to teach and reinforce animal vocabulary.

◆ The cards can be used for a variety of activities: as mini flashcards for presentation; as a Pelmanism game; for picture bingo; and after the next exercise students could colour in the animals according to your instructions.

8 Wie ist Ihr Haustier? page 37

The animal pictures in the Study Book are used to introduce colours and some other adjectives.

◆ You could pre-teach the colours based on objects around the class.
❖ You could also get students to colour in the animals on Copymaster 4.2 following your instructions (e.g. *der Hund ist grau und weiß*). This could also be done as homework, if the instructions are written.

9 Meine Haustiere page 38

Practises the plurals of pets and practises the accusative case, *mein(e)*, pronouns, *ist/sind* and adjectives in a productive exercise with a flow chart for support.

10 Und Sie? page 38

Further productive pairwork as students practise talking about their own pets, using the text in the Study Book as a model.

11 Familienanzeigen page 39

Reading comprehension introducing a variety of new vocabulary relating to family events. Introduces days of the week, months and dates (see Infotipp, p. 39).

◆ Allow students the opportunity to work through the questions on their own, looking up key vocabulary as they need to.
◆ Point out that these are for gist comprehension, and that students need not understand every word to work out what each advert is about.

> 1 To place an ad. in the paper; 2 To announce the birth of their son; 3 D;
> 4 15th April / 78; 5 Friday 6th August in the St. Marien-Kirche, Eldingen;
> 6 To announce his wife's 60th birthday / on behalf of friends and family

12 Wer spricht? page 39

A listening activity testing comprehension of language introduced in the previous activity.

❖ As an extension exercise, write up key phrases from the ads. in English for retranslation into German.
❖ Play *Wer bin ich?* (see Games, p. iv).
❖ Ask *W-Fragen* (see Games, p. iv).

1 – Unsere Trauung findet in der St.-Marien-Kirche statt.
2 – Wir haben jetzt eine Tochter und einen Sohn.
3 – Unser Vater war 78 Jahre alt.
4 – Ich heirate bald Thomas.
5 – Am 16. Oktober bin ich 60 Jahre alt.

> 1 C Annette Klein und Peter Fischer; 2 F Monika und Daniel Kersken;
> 3 B Milena und Mirella Bivona; 4 D Steffi Beckmann; 5 E Helga Rettig

Welche Person ist das? CM 4.3 🎧

To practise aural recognition of much of this chapter's new language.

◆ There are sufficient cards for twelve participants – for groups of more or less than twelve, either give out duplicate copies of some of the cards, or leave some out altogether.

◆ Each student has a card bearing family details. Students should listen to the recording and identify 'themselves' by raising their hand.

◆ Before issuing cards, you may wish to note that speakers 1, 3, 5, 7, 8 and 11 are male and 2, 4, 6, 9, 10 and 12 are female.

◆ When a student has identified himself or herself, they should raise their hand, and then 'drop out' of the game. By the twelfth item there should only be one player left in the game.

◆ The card number to which each recorded item applies and the gender of the speaker are in brackets after the text.

● Ich bin verheiratet, und meine Frau und ich haben vier Kinder. Der älteste ist 16 Jahre alt, und die anderen sind 12, 10 und 8. Ich bin kein Onkel – das heißt, ich habe keine Nichten oder Neffen. (7) (M)

● Ich bin verheiratet, aber wir haben keine Kinder. Ich habe aber einen Bruder – der ist 35 Jahre alt. Mein Mann ist 40 Jahre alt. (2) (F)

● Ich bin gerade 50 Jahre alt geworden und habe meinen Geburtstag gefeiert. Meine Kinder waren dabei – meine Stieftochter Margret, und mein Stiefsohn Rüdiger. Ich habe keine Geschwister. (11) (M)

● Ich bin von meinem Mann geschieden, aber ich habe zwei Kinder – beide sind Mädchen – sie sind zwölf und zehn Jahre alt. In meiner Familie habe ich auch eine Schwester und eine Stiefschwester. (6) (F)

● Meine Frau Dorit ist leider gestorben. Mein Sohn ist verheiratet und hat zwei Kinder – mein Enkel ist 8, und meine Enkelin 3. Meine Tochter ist nicht verheiratet. (1) (M)

● Ich bin mit Peter verlobt, und wir heiraten am ersten März. Meine Eltern leben leider nicht mehr, aber meine zwei Brüder kommen natürlich zu unserer Hochzeit. (10) (F)

● In unserer Familie sind wir elf Cousins! Ich bin selbst jetzt verheiratet und habe zwei Söhne. Mein Bruder hat auch zwei Kinder – mein Neffe ist 7 Jahre alt, und meine Nichte ist 4. (5) (M)

● Wir haben drei kleine Kinder, aber meine Schwester und ihr Mann haben mehr Kinder als wir – die haben vier Kinder, darunter Zwillinge von 3 Jahren! (12) (F)

● Ich bin ledig. Ich habe aber drei Schwestern und einen Bruder. Mein Bruder Thomas hat eine Tochter von zwei Jahren. (3) (M)

● Ich habe eine große Familie – sechs Schwestern und zwei Brüder. Ich bin die vierte in der Reihe! Wir haben auch drei Onkeln und drei Tanten und 14 Cousins. Mein Mann und ich haben bis jetzt noch keine Kinder. (9) (F)

● Ich bin ein Einzelkind. Ich bin verheiratet und habe drei Kinder. Meine älteste Tochter ist mit 20 Jahren schon erwachsen. Meine zweite Tochter ist 17 Jahre alt, und mein Stiefsohn ist 15 Jahre alt. (4) (F)

● Ich bin der Großvater von neun Enkelkindern – fünf Mädchen und vier Jungen! Meine liebe Frau Iris ist gerade gestorben, und ich bin jetzt 85 Jahre alt. (8) (M)

13 Partnerstadt-Austausch page 40

A reading comprehension revising family language and vocabulary from previous chapters (home, town, jobs). Also features a first sample of authentic handwriting.

◆ You may wish to explain some basic German letter writing conventions.

◆ You may need to guide students through the letter, so that they are not daunted by the authentic handwriting.

❖ Set some *richtig oder falsch?* questions on the text of the letter.

❖ The letter can be used as a model for the letter to be written in the *Zum Schreiben* section of *Kontrolle 1*.

❖ To encourage some simpler writing practice, you could issue a similar 'framework' letter with blanks for students to fill in.

❖ As an 'end-of-section' activity, the class could play a *Finden Sie jemanden* game (see Games, p. iv).

| 1 b; 2 c; 3 a; 4 c; 5 b; 6 a; 7 b; 8 a |

Und so weiter ...: Transcripts + Solutions page 41 🎧

1

> **A** Der Hund heißt Harald; **B** Der Goldfisch heißt Gero; **C** Der Papagei heißt Peter; **D** Das Pferd heißt Patrick; **E** Das Meerschweinchen heißt Manfred; **F** Die Maus heißt Minna; **G** Der Wellensittich heißt Walther; **H** Die Katze heißt Katja; **I** Das Kaninchen heißt Kaspar; **J** Die Schlange heißt Sonja.

2

○ Guten Tag! Sie wohnen in Nummer sieben, nicht wahr?

■ Ja. Ich heiße Daniela Gönner. Und Sie haben Wohnung Nummer fünf, oder?

○ Ja, das stimmt. Ich bin Andrea Röscher. Wohnen Sie hier alleine?

■ Nein – ich bin verheiratet. Mein Mann Thomas ist Techniker.

○ Haben Sie auch Kinder?

■ Ja, eine Tochter von sechs Jahren. Und Sie?

○ Ich bin auch verheiratet, aber wir sind beide jetzt Rentner. Unsere Kinder sind schon erwachsen. Meine Tochter ist Studentin, und mein Sohn ist verheiratet und ist selbst Vater.

■ Oh, Sie haben auch Enkelkinder, also?

○ Ja, mein Sohn und seine Frau haben ihr erstes Baby, Katja. Sind Sie von hier, Frau Gönner?

■ Ja, ich bin aus dieser Gegend. Meine Schwestern und mein Bruder wohnen nicht weit entfernt von hier. Und Sie?

○ Nein, ich stamme aus dem Nordosten, aber ich war ein Einzelkind und habe fast keine Familie mehr. Schön, Sie kennen zu lernen, Frau Gönner. Wir sehen uns bestimmt bald wieder.

■ Ja, sicher. Auf Wiedersehen, Frau Röscher.

○ Auf Wiedersehen!

| 1 a; 2 c; 3 a; 4 a; 5 c; 6 c; 7 b |

3

| **1** eine Katze; **2** eine Maus; **3** ein Kanarienvogel; **4** ein Hund; **5** eine Schlange; **6** ein Papagei; **7** ein Pferd; **8** ein Wellensittich |

4

– Sind Sie verheiratet?

– Haben Sie Kinder? (Wenn ja, wie heißen Ihre Kinder? Wie alt sind Ihre Kinder?)

– Haben Sie Geschwister? (Wenn ja, wie heißen Ihre Geschwister? Wie alt sind Ihre Geschwister?)

– Haben Sie ein Haustier? (Wenn ja, was haben Sie? Wie ist Ihr Haustier?)

Zum Üben: Solutions page 43

1 a wohnen; **b** kommen; **c** sind; **d** haben; **e** arbeiten

2 a Unser; **b** Meine; **c** Ihre; **d** Mein; **e** Ihr; **f** Unsere

3 a hat; **b** haben; **c** habe; **d** Haben; **e** hat; **f** haben

4 grün; gelb; braun; grau; rot; blau; weiß; schwarz; orange

5 a eine/einen; **b** einen/eine; **c** ein; **d** einen; **e** eine/einen; **f** eine/einen

6 a Donnerstag; **b** Mittwoch; **c** Dienstag; **d** Sonntag

7 a bin; **b** ist/ist; **c** sind; **d** sind; **e** ist; **f** sind

8 a meine/Sie; **b** mein/Es; **c** mein/Er; **d** meine/Sie; **e** mein/Es; **f** meine/Sie

Vokabeltest: Solution

Wie heißt das auf Deutsch?

die Mutter; der Vater; die Frau; der Bruder; die Schwester; die Tante; das Einzelkind; die Katze; der Hund; das Kaninchen; das Haustier; das Pferd schwarz; weiß

... und auf Englisch?

parents-in-law; granddaughter; divorced; brothers and sisters; stepson; parrot; guinea pig; yellow; Wednesday; they get married; dead; visit (noun); wood; now

1 Zum Hören `page 44` 🎧

Name	Alter	Telefon.	Beruf	Familie	Haus	verheiratet?	Haustiere?
1 Anna Berg	32		Kindergärtnerin	1 Tochter	Wohnung am Rande einer Großstadt (10 km vom Zentrum)	Ja.	Meerschweinchen
2 Martin Klemmker	25	87 98 45	Versicherungs-kaufmann	1 Schwester	Wohnung im Zentrum der Hauptstadt.	Nein.	Keine.
3 Magdalene Gerhardt	29	38 17 02	Tierärztin	1 Sohn	Bauernhaus.	Nein.	4 Hunde, 7 Katzen, 2 Meerschweinchen 1 Ratte, 1 Maus

1
- ● Wie heißen Sie?
- ○ Mein Name ist Anna Berg, und ich bin 32 Jahre alt.
- ● Was sind Sie von Beruf?
- ○ Ich bin Kindergärtnerin. Ich liebe diesen Beruf sehr.
- ● Haben Sie Kinder?
- ○ Ich habe eine Tochter. Meine Tochter Lise ist jetzt 6, und sie macht mir sehr viel Freude.
- ● Sind Sie verheiratet?
- ○ Ja. Ich bin verheiratet. Mein Mann und ich sind seit 10 Jahren zusammen.
- ● Beschreiben Sie Ihr Haus.
- ○ Wir wohnen in einer Wohnung in einem sehr alten Haus am Rande einer Großstadt, etwa 10 km vom Zentrum entfernt. Unsere Wohnung ist sehr groß, hat sehr hohe, helle Räume, und einen sehr schönen Balkon.
- ● Haben Sie Haustiere?
- ○ Haustiere? Ja, meine kleine Tochter hat ein Meerschweinchen.

2
- ● Wie alt sind Sie?
- ○ Ich bin 25.
- ● Wie heißen Sie?
- ○ Ich heiße Martin Klemmker.
- ● Was sind Sie von Beruf?
- ○ Ich bin Versicherungskaufmann.
- ● Sind Sie verheiratet?
- ○ Nein, ich bin nicht verheiratet.
- ● Haben Sie Kinder?
- ○ Nein, auch nicht.
- ● Wie ist Ihre Telefonnummer?
- ○ Meine Telefonnummer? das ist die 87 98 45.
- ● Beschreiben Sie Ihre Familie.
- ○ Ich habe eine Schwester. Die ist verheiratet, und hat leider auch keine Kinder. Das heißt, ich bin nicht Onkel.
- ● Beschreiben Sie Ihr Haus.
- ○ Ich wohne in einer Wohnung im Stadtzentrum der deutschen Hauptstadt. Ja, der Wohnung liegt im Erdgeschoss und hat zwei Zimmer.
- ● Haben Sie Haustiere?
- ○ Haustiere? Nein, im Moment nicht. Ich hatte mal eine Ratte.

3
- ● Haben Sie Kinder?
- ○ Ich habe einen Sohn. Er ist sechs Jahre alt und er heißt Bruno.
- ● Wie alt sind Sie?
- ○ Ich bin 29 Jahre alt.
- ● Wie heißen Sie?
- ○ Mein Name ist Magdalene Gerhardt.
- ● Was sind Sie von Beruf?
- ○ Ich bin Tierärztin.
- ● Sind Sie verheiratet?
- ○ Nein, ich bin nicht verheiratet. Ich bin ledig. Bruno und ich, wir wohnen alleine.
- ● Haben Sie Haustiere?
- ○ Haustiere? Wir haben einen ganzen Zoo. Vier Hunde, sieben Katzen, und mein Sohn hat zwei Meerschweinchen, eine Ratte, und eine Maus.
- ● Beschreiben Sie Ihr Haus.
- ○ Oh, wir wohnen in einem wunderschönen alten Bauernhaus, ganz groß und nur für uns alleine. Sehr, sehr schön.
- ● Wie ist Ihre Telefonnummer?
- ○ Meine Telefonnummer? Das ist die 38 17 02.

2 Zum Lesen `page 44`

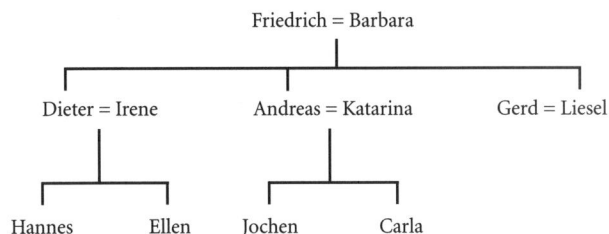

Friedrich = Barbara

Dieter = Irene   Andreas = Katarina   Gerd = Liesel

Hannes   Ellen   Jochen   Carla

3 Zum Sprechen `page 45` 🎧

1 A Ich heiße Markus Danzig. Ich bin Arzt von Beruf. Ich arbeite mit Kranken. Ich arbeite in einer Arztpraxis. Ich treffe mich mit Patienten in der Sprechstunde. Ich fahre manchmal zu Patienten nach Hause. Ich verschreibe medizinische Rezepte. (1, 2, 8, 10, 14)

2 B Ich heiße Ralf Neumann. Ich bin Bauer von Beruf. Ich arbeite auf einem Bauernhof. Ich arbeite mit Tieren. Meine Arbeit ist manchmal dreckig. Ich fahre einen Traktor und ich arbeite meistens draußen. (3, 5, 6, 7, 13)

3 C Ich heiße Frank Brenner und ich bin Verkäufer von Beruf. Ich arbeite in einem Geschäft. Ich verkaufe Waren. Ich helfe d en Kunden. Ich kassiere das Geld und ich packe die Kisten aus. (4, 9, 11, 12, 15)

5 Zum Üben `page 45`

a
- ○ Guten Tag, Sie kommen aus England, nicht wahr? Wie heißen Sie?
- ■ Guten Tag. Ich heiße Mary Conway. Und Sie?
- ○ Ich bin Ferdinand Schrotter. Woher kommen Sie denn in England?
- ■ Ich wohne in Bristol im Südwesten. Ich bin zu Besuch hier in Kassel.
- ○ Ja? Prima! Was sind Sie von Beruf, Mary?
- ■ Ich bin Lehrerin an einer Grundschule.
- ○ Ehrlich?! Ich bin auch Lehrer, aber an einer Realschule, also die Schüler sind älter! Haben Sie Familie, Mary?
- ■ Ja, ich habe zwei Kinder. Mein Sohn ist sieben Jahre alt und meine Tochter ist 18 Monate, also noch ein Baby.
- ○ Schön! Also, viel Spaß hier in Kassel, Mary.
- ■ Danke schön.

b
- i Ich heiße Sara Fischer.
- ii Ich bin 44 Jahre alt.
- iii Mein Mann ist Grafiker von Beruf.
- iv Ich habe drei Cousins.
- v Haben Sie Familie?
- vi Wohnen Sie in einem Haus oder in einer Wohnung?
- vii Unser Haus hat vier Zimmer.
- viii Die Wohnung ist sehr groß.
- ix Dresden liegt im Osten.

Topics	Activities		Language	Activities	*Zum Lernen*
◆ Food, drink and mealtimes	1–7, 17		◆ *du*	15–16	note 1
◆ Likes and dislikes	8–9		◆ *ihr*	15–16	note 2
◆ At the snack bar	10–12		◆ Quantities	10–12	note 3
◆ In a restaurant	13–14		◆ *essen*	1–9	note 4
◆ Table talk	15–16		◆ *gern / nicht gern*	8–9	note 5
◆ Recipes	*Und so weiter* 2		◆ *man*		note 6

1 Mahlzeit! Zum Frühstück `page 46`

A recording-based matching exercise to introduce breakfast vocabulary.

◆ This is the first of three introductory recordings to the topic, each dealing with one of the main meals of the day.
◆ You may choose to pre-teach the vocabulary using flashcards. Note also that the photos are 'general', and do not include every item mentioned.

1 Zum Frühstück esse ich normalerweise Brötchen oder Toastbrot mit Butter und Konfitüre oder Honig, und manchmal Quark. Ich trinke Orangensaft.
2 Zum Frühstück esse ich Brot mit Schinken, Wurst oder Käse. Ich trinke Tee dazu.
3 Ich esse Müsli oder Joghurt, dann ein gekochtes Ei, und ich trinke Kaffee mit Milch.
4 Wir essen normalerweise Brötchen mit Butter und Marmelade ... und wir trinken Kaffee mit Kondensmilch und Zucker. Bei Festen aber essen wir auch Kuchen.
5 Zum Frühstück esse ich Brötchen mit Butter und Nutella ... und ich trinke Schokolade.

> 1 B (Manfred); 2 C (Lutz); 3 E (Christa); 4 A (Maria); 5 D (Tanja)

2 Wer bin ich? `page 46`

Active practice of breakfast-time vocabulary.

◆ This activity can be done as pairwork. Partner A assumes the role of one of the speakers as instructed in the Study Book, and Partner B must work out their identity.
◆ Introduce the third person verb forms *isst* and *trinkt*. Students could go on to ask each other: *Was isst/trinkt (Maria) zum Frühstück?* etc.
❖ As an even more demanding exercise, students could close their books and try to remember all the items one person eats and drinks.

3 Mahlzeit! Zum Mittagessen `page 46`

A second recording-based matching exercise to introduce lunchtime vocabulary.

◆ This recording is slightly different from the previous one, in that the descriptions are general, not personalised.

1 Zu Mittag isst man warm – das ist normal. Zum Mittagessen isst man manchmal eine Vorspeise – eine Suppe mit Brot oder so.
2 Man isst auch ein reichliches Hauptgericht aus Fleisch oder Fisch, Kartoffeln oder Nudeln, Gemüse und Soße.
3 Danach isst man einen leichten Nachtisch – zum Beispiel Apfelmus, Eis oder Vanillepudding.
4 Dazu trinkt man Saft oder Sprudel, oder vielleicht Bier oder Wein.

> 1 C (Kerstin); 2 D (Dieter); 3 A (Peter); 4 B (Karola)

4 Und Sie? `page 46`

Encourages active use of lunchtime vocabulary with pairwork based on the example in the Study Book.

❖ This could be extended by asking what other members of their families eat and drink, e.g. *Was isst Ihre Frau zum Frühstück?*
❖ Once students have interviewed each other in pairs, you could conduct a whole-group session, in which students can ask anyone else the same questions.

5 Mahlzeit! Zum Abendessen `page 47`

A final introductory recording focusing on the evening meal.

1 Zum Abendessen esse ich normalerweise Schwarzbrot mit Schinken oder Käse und dazu einen Salat. Ich trinke Apfelsaft oder Sprudel.
2 Zum Abendessen esse ich einige Scheiben Weißbrot mit Käse, Salat und so ... ja, und ich trinke Tee mit Zitrone.
3 Ja, ich esse wie die meisten Leute Brot und Aufschnitt mit einem Salat. Dazu trinke ich ein Bier. Und ich esse auch sehr oft ein Stück Obst – eine Banane, einen Apfel, eine Birne oder so was.
4 Also ich esse Brot, vielleicht Roggenbrot oder so, mit Wurst ... Tomaten ... Kartoffelsalat ... und ein Stück Obst, einen Apfel, oder eine Apfelsine. Ich trinke dazu ein Glas Wein.

> 1 C (Uwe); 2 A (Heinz); 3 D (Regina); 4 B (Martina)

6 Was essen und trinken sie? `page 47`

Active practice of *isst* and *trinkt*, as students report back statements from the previous recording.

◆ The solution is recorded, and may be used as a pronunciation check.
❖ Now that a substantial amount of food and drink vocabulary has been introduced, play some vocabulary games to consolidate (see Games, p. iv).

> Regina isst Brot, Aufschnitt, Salat und Obst, und sie trinkt Bier.
> Heinz isst Weißbrot, Käse und Salat, und er trinkt Tee mit Zitrone.
> Martina isst Roggenbrot, Wurst, Tomaten, Kartoffelsalat und eine Apfelsine oder einen Apfel, und sie trinkt Wein.
> Uwe isst Schwarzbrot, Schinken, Käse und Salat, und er trinkt Apfelsaft oder Sprudel.

7 Vier Interviews `page 47`

Four recorded interviews revising language relating to all three main meals.

◆ Students make brief notes on (or copy) the chart in their books.
◆ Key vocabulary is supplied in a help box. You may need to introduce some adverbial phrases (e.g. *normalerweise, an einem typischen Tag*).
◆ The solution is emboldened in the transcript.

1 ○ Karin, können Sie uns sagen, was Sie an einem typischen Tag essen?

■ Ja, natürlich. **Zum Frühstück** esse ich **Brötchen mit Butter und Konfitüre** und trinke dazu **Kaffee mit Milch**. ... **Zum Mittagessen** esse ich etwas Schnelles – **eine Pizza**, zum Beispiel, oder **eine Suppe mit Brot**, dann **einen Joghurt** oder **ein Stück Obst**. Ich koche zu Abend, also **zum Abendessen** essen wir etwas Warmes – **Fleisch, Kartoffeln oder Nudeln, Gemüse**, und so weiter, und wir trinken oft **ein Glas Wein**.

2 ○ Guten Tag, Herr Jäger. Was essen Sie an einem typischen Tag?

■ An einem typischen Tag? Ja, also **zum Frühstück** nehme ich mir **Toast mit Butter und Marmelade**, und trinke dazu **Kaffee**. Zu Mittag esse ich ganz ordentlich – ein Gericht aus **Fleisch, Gemüsen, Kartoffeln** und so ... und **zum Abendessen** esse ich etwas **Brot mit Wurst, Tomaten, Käse** und so, und wir trinken normalerweise **Tee**.

3 ○ Ralf, was essen Sie an einem typischen Tag?

■ Ähm ... also **zum Frühstück** esse ich **Müsli mit Milch** und trinke ein Glas **Orangensaft**. ... Mein Mittagessen besteht aus **Pommes frites, Würstchen** und so ... und ich trinke **ein Dosengetränk**. Meine Mutter kocht **zu Abend** 'was ... **eine Suppe**, danach **Fisch** oder **Hähnchen mit Kartoffeln, Salat oder Gemüse** und so ... Und ich trinke immer ein **Bier**.

4 ○ Frau Klein, was essen Sie normalerweise an einem Tag?

■ **Zum Frühstück** esse ich **Brot** mit **Käse** und **ein gekochtes Ei** ... **zu Mittag** koche ich für die ganze Familie, und wir essen **eine Suppe**, danach **Fleisch mit Gemüsen und Kartoffeln**, und einen **Nachtisch**, vielleicht **ein Eis**. **Am Abend** habe ich dann nicht viel Hunger und esse sehr wenig: vielleicht nur **ein Butterbrot mit Schinken** und **ein Stück Obst**, und ich trinke sehr gern **Pfefferminztee**.

8 Was essen sie gern? Was essen sie nicht gern? `page 48` 🎧

Reinforces language learned so far in this chapter, and introduces some new food vocabulary. Introduces *gern / nicht gern*.

◆ A vocabulary box provides help with new words.

❖ Students could assume the identity of one of the four interviewees, and use the artwork to cue the correct responses: *Ich bin Bernd. Ich esse gern Schokolade, Kartoffelchips, usw.* Alternatively, you could tell students who they are and ask what they like to eat and drink: *Sie sind Bernd. Was essen und trinken Sie gern?*

1 – Ich esse gern Schokolade, Kartoffelchips, Pommes frites ... und ich trinke gern Cola und Limo. Ich esse nicht gern Spargel, Spinat und solche Sachen.

2 – Ich esse gern italienisch: Pizza, Lasagne, Pasta, Salat ... ja, und auch Eis und leckere Nachtische. Ich esse nicht sehr gern Fleisch. Ich trinke gern Rotwein ... aber ich trinke nicht gern Bier oder Spirituosen.

3 – Ich esse gern Fleisch, besonders Rind, und auch Gemüse – Kartoffeln, und so. Ich esse nicht gern scharf – Curry oder Gulasch und so. Was ich gerne trinke? Viel Kaffee – aber keinen Tee!

4 – Ich esse wahnsinnig gern Hamburger und Würstchen mit Tomatenketchup oder Mayo ... und ich esse auch gern Kuchen. Ich esse nicht sehr gern Salat ... ich trinke gern Saft oder Sprudel, aber ich trinke nicht gern Wein.

> **1** B (Bernd); **2** D (Liesel); **3** A (Gerda); **4** C (Mustafa)

9 Und Sie? `page 48` 🚶🚶

Further reinforces food and drink vocabulary and *gern / nicht gern* by giving students the opportunity to express their own opinions in pairwork, based on prompts in the Study Book.

❖ To further extend food and drink vocabulary, show pictures of food and drink items from magazines or cookery books and ask the question: *Essen/Trinken Sie gern ...?*

❖ As an alternative homework exercise, students could prepare two lists: ten food and drink items they like and five (or more) they dislike.

Eine Nahrungsmittelumfrage `CM 5.1`

A questionnaire to reinforce food vocabulary.

◆ Working in pairs, students interview others in the group and find out everyone's opinions about all the different kinds of food and drink depicted. Encourage them to answer using whole sentences.

◆ The interviewers note the responses on the grid provided, and can go on to identify the most popular food and drink amongst the group.

◆ They could also add items of their own.

◆ At a later stage, once the structures *lieber* and *am liebsten* have been learned (see Chapter 9), this worksheet could be adapted for students to do a survey of preferred food and drink in the class, giving items points according to whether they elicit the response *gern* (1 point), *lieber* (2 points) or *am liebsten* (3 points) and making a list of the foods according to popularity.

10 An der Imbissstube `page 48`

A flow chart introduces a lot of new language used to order food and drinks at a snack bar. *Ich möchte* and *ich hätte gern* are also introduced.

◆ The chart can be used later as the basis for pairwork dialogues.

11 Was kaufen die Leute an der Imbissstube? `page 49` 🎧

A listening activity to encourage aural comprehension of the new vocabulary.

◆ The snacks and drinks board in the book provides visual support for the recording.

◆ You may need to point out that an article is not required when asking for a quantity of something.

◆ Although costs are introduced here, this is only for receptive understanding at this stage.

◆ The solution is emboldened in the transcript.

1 ● Guten Tag. Was darf's sein?
○ **Zwei Cola und zwei Würstchen**, bitte.
● Mit Ketchup oder Mayo?
○ Nein danke, nichts.
● OK. Das macht 11 Mark 80, bitte.

2 ● Kann ich Ihnen helfen?
○ Ja, ich hätte gern **einmal Hähnchen mit Pommes frites**, bitte.
● Gut. Und etwas zu trinken?
○ Ja, **ein Bier**, bitte.
● Also ... einmal Hähnchen mit Pommes frites und ein Bier. Zehn Mark 50, bitte.
○ Danke. Hier, bitte.

3 ● Was möchten Sie?
○ Ich möchte **zwei Kaffee mit Milch** und **zwei Tee auch mit Milch**, bitte.
● Kommt sofort ... nehmen Sie auch etwas zu essen mit?
○ Ja, **vier Portionen Pommes frites mit Mayonnaise**, bitte.
● Bitte schön ... 19 Mark 20 zusammen, bitte.
○ Danke schön.

4 ● Guten Tag. Was darf's sein?
○ Ich nehme **zwei Bockwürste mit Currysoße** und **eine Bratwurst mit Tomatenketchup**, bitte.
● Sonst noch einen Wunsch?
○ Ja. **Zwei Limo** und **einen Apfelsaft**, bitte.
● Ist gut ... also zwei Bockwürste mit Currysoße, eine Bratwurst mit Tomatenketchup, zwei Limo und ein Apfelsaft. Bitte schön ... macht 14 Mark 30.
○ Danke.

5 ● Ja, die Herrschaften?
 ○ Ja, **einmal Schaschlik mit Pommes frites und einmal Frikadelle auch mit Pommes.**
 ● Und zu trinken?
 ○ **Zwei Cola**, bitte.
 ● Gut. Das macht dann 16 Mark 80 zusammen, bitte.

6 ● Kann ich Ihnen helfen?
 ○ **Zwei Tassen Kaffee**, bitte.
 ● Mit Milch und Zucker?
 ○ Ja, **beide mit Milch und Zucker.**
 ● Hier bitte ... vier Mark 60.

7 ● Ja, was wünschen Sie?
 ○ Wir nehmen **acht Bier**, bitte.
 ● Acht Bier ... und etwas zu essen dazu?
 ○ Nein danke – das wär's.
 ● OK. ... 24 Mark ... Danke.

8 ● **Einen Hamburger und eine Bockwurst**, bitte.
 ○ Ja, und etwas zu trinken?
 ● Ja, **zwei Tassen Tee**, bitte.
 ○ Alles klar ... ein Hamburger, eine Bockwurst, und zwei Tassen Tee. Das macht 11 Mark 30 zusammen, bitte.
 ● Hier, bitte. Vielen Dank.

12 Jetzt sind Sie dran! page 49

Active practice of ordering the snacks and drinks shown.

◆ This could be done in the form of pairwork dialogues, which could be as simple or as involved as students wish.

◆ Students can check their orders by listening to the recorded model answers.

❖ Students can go on to make up further orders (and dialogues) of their own.

---

1 Einmal Hähnchen mit Pommes frites, bitte.
2 Zwei Kaffee mit Milch, bitte.
3 Zwei Cola, zwei Bier und eine Limo, bitte.
4 Zwei Portionen Pommes frites mit Tomatenketchup, bitte.
5 Eine Limonade und eine Bratwurst, bitte.
6 Eine Tasse Tee mit Zucker, bitte, und einen Hamburger.
7 Dreimal Bockwurst mit Currysoße und Pommes frites, und drei Gläser Apfelsaft, bitte.
8 Einmal Schaschlik und ein Stück Apfelkuchen, bitte.

---

13 Im Restaurant ‚Zum Adler' page 50 & 51

This recording introduces language needed to order a meal in a restaurant. Compound nouns are also introduced.

◆ Introducing your students to the concept of compound nouns will help them work out some of the items on the menu. Work through the menu before beginning.

❖ Conduct a quiz, based on the more obscure dishes (given by you in English). The winners are the first team to find the German.

❖ Get students to bring in menu cards from visits to restaurants in Germany (or any other country). Working in pairs, students could see how much of the menus they can work out, and provide a translation into the opposite language.

1 ● Herr Ober, die Speisekarte, bitte!
 ○ So, hier bitte.
 ...
 ○ Ja, die Herrschaften. Möchten Sie jetzt bestellen?
 ● Also, als Vorspeise nehme ich die Bayerische Leberknödelsuppe, und für meine Frau die Rindfleischsuppe .
 ○ Ja ... und als Hauptgericht?
 ● Ja, da möchten wir einmal Gulasch und einmal den Sauerbraten, bitte.

 ○ Ist gut. Und zu trinken?
 ● Ja, eine Flasche Weißwein, bitte.
 ...
 ○ Möchten Sie auch einen Nachtisch?
 ● Ja, zwei Eisbecher, bitte. Wir nehmen beide Erdbeer und Vanille, aber ohne Sahne.
 ○ Danke schön. Kommt sofort.
 ...
 ● Herr Ober, die Rechnung, bitte.
 ○ Natürlich. Einen Moment, bitte.
 ...
 ○ So, und wie möchten Sie bezahlen?
 ● Mit Kreditkarte.
 ○ Ist gut. Vielen Dank.

2 ● Haben Sie schon gewählt?
 ○ Ja, ich möchte jetzt bestellen, bitte.
 ● Ist gut.
 ○ Ja, was für eine Tagessuppe haben Sie heute?
 ● Heute haben wir Tomatensuppe.
 ○ Ja gut, also einmal die Tagessuppe, und als Hauptgericht möchte ich das Jägerschnitzel, bitte.
 ● Und zu trinken?
 ○ Ein Bier, bitte, also ein Pils.
 ● Alles klar. Kommt sofort.
 ...
 ● Möchten Sie auch einen Nachtisch?
 ○ Nein, danke, aber ich trinke noch ein Pils.
 ...
 ○ Bezahlen, bitte.
 ● Ja, bitte schön.
 ○ Stimmt so. Vielen Dank.

3 ● Was bekommen Sie?
 ○ Ja, Karin, du nimmst die Schinkenplatte, oder?
 ■ Richtig. Und dann die Forelle Müllerin.
 ● Und Sie?
 ○ Also ich möchte den Krabbensalat, und als Hauptgericht den Schweinebraten mit Kartoffelknödeln, bitte.
 ● Alles klar. Und kann ich Ihnen etwas zu trinken bringen?
 ○ Ja, eine Flasche Rotwein, bitte.
 ...
 ● Hat es Ihnen geschmeckt?
 ○ Ja, sehr gut.
 ● Möchten Sie auch einen Nachtisch?
 ○ Karin? Möchtest du noch etwas?
 ■ Moment ... Erdbeeren mit Marsalawein – lecker! Das nehme ich, bitte.
 ○ Und ich hätte gern die Schokoladenpudding, bitte.
 ● Vielen Dank. Kommt sofort.

---

1 DM 63,00; 2 DM 26,00; 3 DM 67,00

---

14 Herr Ober, ich habe gewählt! page 51

Active practice of restaurant language.

◆ Students can either work with a partner, or use the recorded gap-fill dialogue, which can be used with all three scenarios.

Sie sind in einem Restaurant, und wollen etwas zu essen bestellen. Was sagen Sie? Hören Sie zu und sprechen Sie in den Pausen.

● Also, die Herrschaften. Möchten Sie jetzt bestellen? Was nehmen Sie als Vorspeise?
 <pause>
● Und als Hauptgericht?
 <pause>
● Ist gut. Und zu trinken?
 <pause>
● Möchten Sie auch einen Nachtisch?
 <pause>

- Danke schön. Kommt sofort.
  <pause>
- Natürlich. Einen Moment, bitte.
  <pause>
- So, und wie möchten Sie bezahlen?
  <pause>
- Ist gut. Vielen Dank.

Ich möchte ... `CM 5.2`

A board game based on language used at a snack bar.

- ◆ You will need counters and a die. It may be helpful to make an A3 photocopy enlargement of the board.
- ◆ Students play in groups. If a player lands on a square requesting them to order food and drink, they simply have to make the order, using a complete sentence.
- ◆ The others in the group serve as the judge of whether the order is correct, and if it is not, the player concerned moves back one square. The winner is the person to reach the end first.

15 Wo sitzen sie? `page 52`

A puzzle introducing the theme of 'table talk'. The recording introduces the *du* and *ihr* forms for the first time.

- So, guten Appetit! Wollt ihr Brot haben? Heinrich?
- Ja, bitte ... und wer möchte Aufschnitt?
- Ich, bitte ... danke. Und gibst du mir bitte auch die Butter, Papa?
- Ja, natürlich ... hier.
- Der Tee ist fertig – möchte jemand eine Tasse Tee haben?
- Nein danke, aber Barbara, gibst du mir die Limo, bitte?
- Ja, bitte schön ... Frank, darf ich den Salat haben, bitte? ... Mmm ... der Salat schmeckt gut.
- Tomaten sind auch da ...
- Ich hätte gern eine Tomate – danke, Frank.
- Noch Brot, Jonas?
- Danke, Mutti – ich bin satt.
- Heinrich?
- Nein danke, das reicht.

> Frau Kaiser – 1; Jonas – 2; Herr Kaiser – 3; Frank – 4; Barbara – 5

16 Füllen Sie die Lücken aus! `page 52`

A gap-fill exercise to consolidate language from the above recording.

- ◆ The exercise can be done orally, or in writing.

> 1 Appetit; 2 Brot; 3 möchte; 4 die Butter; 5 eine Tasse Tee;
> 6 haben; 7 schmeckt; 8 hätte gern; 9 satt; 10 reicht

Guten Appetit! `CM 5.3`

A pairwork task involving food vocabulary and table talk.

- ◆ Pairs of students look at the pictures of food and drink, and work out a dialogue, asking for things to be passed or offering items, commenting on food, saying if they have had enough to eat, etc. Language support is provided.
- ◆ The items could be cut out and distributed amongst the students for practice on a larger scale.
- ◆ As a fun variation, this activity could be developed for students who enjoy improvising by arranging several chairs round a table and using simple props or cut-out pictures. Resulting dialogues could be 'performed' for the rest of the group.

17 Zwei Gedichte `page 52`

Two humorous poems featuring food vocabulary.

Schaschlik oder Pizza?
Kartoffeln oder Reis?
Spaghetti oder Spätzle?
Joghurt oder Eis?
Zu kochen hab' ich keine Lust,
Deswegen geh' ich 'raus –
Ich hole mir 'was Leckeres
Und bring' es mit nach Haus'!

Kaffee, Tee und Sprudel,
Apfelsaft und Bier,
Cola ... Limonade ...
Alles gibt es hier!
'Was Heißes, 'was Kaltes?
Hab' Durst, nur frag' ich mich:
‚Die Auswahl ist unendlich,
Aber Was trinke ich?'

Und so weiter ...: Transcripts + Solutions `page 53`

1 **1**
- Guten Tag, Maike. Was isst du an einem typischen Tag? Kannst du es mir sagen?
- Ja. Zum Frühstück esse ich **Brot mit Butter und Nutella oder Marmelade** darauf, und ich trinke **ein Glas Milch.** ... Zum Mittagessen esse ich mit meiner Mutter und meinen Geschwistern, und wir essen **Fleisch, Kartoffeln, Gemüse** und so weiter. Dann essen wir **Pudding oder Obst.** Am Nachmittag esse ich **Kuchen** und trinke **Limo oder Saft.** Ja, und am Abend ... naja, dann essen wir alle zusammen ... **Brot mit Wurst, etwas Salat, oder eine Pizza.** Und ich trinke **Saft.**
- Und nach dem Abendessen?
- Ich gehe nach dem Abendbrot ins Bett.
- Wie alt bist du, Maike?
- Ich bin acht Jahre alt.
- Vielen Dank.

2
- Guten Tag, Stefan. Was essen und trinken Sie an einem typischen Tag?
- An einem typischen Tag? Ja, also ich bin Student, und zum Frühstück esse ich **Toastbrot mit Butter** und trinke mindestens **zwei Tassen Kaffee.** Zum Mittagessen bin ich normalerweise in der Kantine in unserer Fakultät und esse 'was Schnelles, vielleicht **Würstchen mit Pommes frites,** und ich trinke **eine Cola.**
- Und am Nachmittag?
- Am Nachmittag habe ich Vorlesungen, aber ich esse gern 'was **Schokolade** zwischendurch.
- Und am Abend?
- Wenn ich Zeit habe, koche ich **etwas mit Nudeln** – vielleicht **Spaghetti Bolognese,** oder wenn ich viel Arbeit habe, esse ich bloß **ein paar Butterbrote mit Käse oder Wurst** und trinke viel **Tee.**
- Und am späteren Abend?
- Da sitzen wir gemütlich zusammen und trinken **Bier** oder **Wein.**
- Vielen Dank, Stefan.

3
- Herr Klim, Sie sind Direktor in einer Bank, nicht wahr?
- Ja, richtig.
- Was essen und trinken Sie an einem typischen Tag?
- Ja, wie die meisten Leute, esse ich ein Frühstück aus **Brot oder Brötchen mit Marmelade und Quark,** und ich trinke **Kaffee mit Milch.** Zum Mittagessen fahre ich nach Hause und esse mit meiner Frau – die kocht unheimlich gut, und das ist oft **Fleisch oder Fisch mit Gemüsen und Kartoffeln oder Nudeln.** Dazu trinke ich **ein Glas Wein.** ... Am Nachmittag trinken wir **Kaffee** im Büro, und jemand holt vielleicht **Kuchen** von der Bäckerei. ... Am Abend bin ich erst ziemlich spät zu Hause, und wir essen **ein typisches Abendbrot** und trinken **Tee.**
- Sind Ihre Kinder noch zu Hause?
- Nein, meine Kinder sind schon erwachsen.
- Vielen Dank.

4
- Frau Adjani, können Sie typische Mahlzeiten bei Ihnen beschreiben?
- Oh, ich bin schon 85 Jahre alt und habe nicht mehr so viel Appetit wie früher. ... Mein Frühstück besteht aus **einem Brötchen** und einer **Tasse Tee.** ... Zum Mittagessen nehme ich etwas **Warmes – eine reichliche Gulaschsuppe, oder ein bisschen Fleisch mit Gemüsen.** Am Nachmittag trinke ich **eine kleine Tasse Kaffee** und esse **einen Keks.** Dann am Abend, ja bloß **eine oder zwei Scheiben Brot mit Wurst oder Schinken,** oder **ein bisschen Salat.**
- Und am späteren Abend?
- Nichts. Ich gehe früh ins Bett – manchmal trinke ich **heiße Schokolade.**
- Vielen Dank, Frau Adjani.

2

> A 3; B 4; C 5; D 1; E 6; F 2

> Zutaten: 1 kg. Hackfleisch, 5 Esslöffel Paniermehl, eine große Zwiebel,
> 3 Eier, Salz, Pfeffer, Paprika, Majoran, Petersilie, Butter
> Paniermehl mit fünf Esslöffeln Wasser unter Hinzugabe der Eier und
> Gewürzen kräftig verrühren.
> Zwiebel in Würfel schneiden und hinzugeben.
> Hackfleisch hinzufügen und kräftig durchkneten.
> Mit angefeuchteten Händen flache Frikadellen formen, etwa 100 Gramm
> schwer.
> In heißer Butter oder Margarine in der Bratpfanne kräftig braten und
> mehrmals wenden.

4   –   Was essen Sie zum Frühstück?

 –   Was trinken Sie?

 –   Was essen Sie zum Mittagessen?

 –   Was trinken Sie?

 –   Was essen Sie zum Abendessen?

 –   Was trinken Sie?

 –   Was essen Sie gern?

 –   Was essen Sie nicht gern?

Zum Üben: Solutions   page 55

1   **a** du; **b** Sie; **c** du; **d** Sie; **e** ihr; **f** Sie; **g** du/Sie; **h** du/Sie

2   **a** Ich esse gern Brot; **b** Ich esse nicht gern Käse; **c** Ich trinke gern Bier; **d** Ich trinke nicht gern Cola; **e** Ich wohne gern in Leeds; **f** Ich wohne nicht gern in London

3   **a** Eine Tasse Tee; **b** Eine Portion Pommes frites; **c** Ein Glas Limonade; **d** Ein Stück Kuchen; **e** Eine Flasche Bier

4   **a** einen; **b** ein; **c** eine; **d** Eine; **e** ein; **f** einen

5   **a** isst; **b** trinkt; **c** esse; **d** isst; **e** essen; **f** isst; **g** trinkst; **h** trinken

6   **1f** Ich möchte jetzt bestellen.

   2c Einmal Schweinebraten mit Kartoffelknödeln und Gemüsen, bitte.

   3j Herr Ober, die Speisekarte, bitte.

   4i Was ist die Tagessuppe heute?

   5g Zwei Eisbecher ohne Sahne, bitte.

   6h Möchten Sie auch einen Nachtisch?

   7a Danke schön. Kommt sofort.

   8b Und zu trinken?

   9d Und als Hauptgericht?

   10e Wir trinken eine Flasche Weißwein.

Vokabeltest: Solution

Wie heißt das auf Deutsch?

das Brötchen; der Zucker; der Kuchen; der Schinken; der Käse;
die Kartoffeln; ich esse; sie trinken; das Würstchen; es kostet; etwas;
eine Tasse...; die Rechnung; eine Flasche; ich bin satt

... und auf Englisch?

fruit juice; starter; vegetables; dinner (evening meal); chips; meatballs;
they would like; kebab; chicken; pot (e.g. of tea); to take; immediately;
we pay; pork; I may

Topics	Activities		Language	Activities	*Zum Lernen*
◆ Shops	1–4		◆ The infinitive	12–13	note 1
◆ Shopping	5–8		◆ Word order	12–13	note 2
◆ DM/öS/sFr	9–11		◆ Plurals		note 3
◆ Department stores	12–13		◆ Prepositions		note 4
◆ Prices	14		◆ *in, auf*	3, 12–13	note 5
◆ At the post office	15–17		◆ *für*	14	note 6
			◆ Quantities and receptacles	5–7	note 7

1 **Wie heißen die Geschäfte?** page 56

A recorded matching activity to introduce shop names.

◆ Highlight the difference between *Drogerie* and *Apotheke.*

1 – Das ist die Bäckerei.
2 – Das ist die Metzgerei.
3 – Das ist das Lebensmittelgeschäft.
4 – Das ist die Apotheke.
5 – Das ist die Drogerie.
6 – Das ist die Konditorei.
7 – Das ist die Buchhandlung.
8 – Das ist der Markt.
9 – Das ist der Schuhladen.
10 – Das ist das Modegeschäft.
11 – Das ist das Sportgeschäft.
12 – Das ist das Blumengeschäft.
13 – Das ist der Supermarkt – hier kann man fast alles kaufen.

2 **Jetzt sind Sie dran!** page 57

Recorded questions to reinforce the vocabulary for shops.

◆ If possible the exercise should be completed with books closed.
❖ Students could also test each other in pairs.

1 Die Drogerie – welche Nummer ist das?
2 Nummer 10 – welches Geschäft ist das?
3 Das Blumengeschäft – welche Nummer ist das?
4 Nummer 1 – welches Geschäft ist das?
5 Die Konditorei – welche Nummer ist das?
6 Nummer 13 – welches Geschäft ist das?
7 Die Buchhandlung – welche Nummer ist das?
8 Nummer 4 – welches Geschäft ist das?
9 Die Metzgerei – welche Nummer ist das?
10 Nummer 8 – welches Geschäft ist das?

> 1 Nummer 5 – das ist die Drogerie.
> 2 Nummer 10 – das ist das Modegeschäft.
> 3 Nummer 12 – das ist das Blumengeschäft.
> 4 Nummer 1 – das ist die Bäckerei.
> 5 Nummer 6 – das ist die Konditorei.
> 6 Nummer 13 – das ist der Supermarkt.
> 7 Nummer 7 – das ist die Buchhandlung.
> 8 Nummer 4 – das ist die Apotheke.
> 9 Nummer 2 – das ist die Metzgerei.
> 10 Nummer 8 – das ist der Markt.

3 **Wo geht Frau Klimek hin?** page 57

Introduces various items to purchase including food, plus *in* and *auf* with the accusative.

◆ Refer to the Language box on p. 57 to help explain *in* + the accusative.

◆ Some variation is possible, but students should try and avoid referring to the supermarket as a default option.
◆ Some quantities and receptacles vocabulary is included for receptive understanding, but will be introduced more comprehensively later.
◆ The solution is recorded.

> 1 Sie geht in die Bäckerei.
> 2 Sie geht in die Drogerie.
> 3 Sie geht in den Schuhladen.
> 4 Sie geht in die Metzgerei.
> 5 Sie geht in die Konditorei.
> 6 Sie geht in die Apotheke.
> 7 Sie geht ins Blumengeschäft.
> 8 Sie geht auf den Markt.
> 9 Sie geht ins Modegeschäft.
> 10 Sie geht in die Buchhandlung.
> 11 Sie geht ins Lebensmittelgeschäft.

4 **Ein Wörterdschungel** page 57

A wordsearch puzzle to consolidate shop names.

◆ Shop names are concealed vertically, horizontally, forwards and backwards.
❖ Some students might like to make up their own wordsearches and give them to others to do.

T	F	K	L	B	W	S	N	I	J	S	E
F	J	I	E	R	O	T	I	D	N	O	K
Ä	V	R	M	O	T	K	R	A	M	X	Z
H	V	K	L	E	A	R	E	N	I	B	P
C	P	A	Ä	T	P	A	O	E	I	P	I
S	E	Z	K	S	O	M	C	D	E	T	E
E	I	C	E	T	T	R	P	A	R	Z	R
G	R	T	S	P	H	E	F	L	E	W	E
N	E	K	C	R	E	P	O	H	K	M	G
E	G	Ö	U	A	K	U	P	U	C	L	Z
M	O	D	E	G	E	S	G	H	Ä	F	T
U	R	J	M	J	A	T	A	C	B	H	E
L	D	H	E	R	F	W	J	S	W	L	M
B	A	Z	P	T	S	Ö	F	Z	S	H	G

5 **Wie viel?** page 58

A table to introduce language for receptacles and quantities.

Kapitel 6

6 Was wünschen Sie? `page 58` 🎧

A listening activity to introduce conversations in shops.

- Students fill in the blanks on the till receipts on their first hearing, then fill in the totals on a second hearing.
- Check that students are familiar with the currencies of Germany, Austria and Switzerland (see p. 59 of the Study Book).
- Try playing the recording through first with books shut, so that students can become familiar with the way the conversations take shape without immediately scanning for detail.
- Solutions are emboldened in the transcript.

1
- Guten Tag. Kann ich Ihnen helfen?
- Guten Tag. Ich möchte **zehn Brötchen**, bitte. Was kosten sie?
- Brötchen kosten 30 Pfennig das Stück. Haben Sie sonst noch einen Wunsch?
- Ja, ich möchte auch **ein Weizenbrot**, bitte.
- Bitte schön. Das macht zusammen **6 Mark 40**.

2
- Wie kann ich Ihnen helfen?
- Ich hätte gern **eine Packung Schokoladenkekse**, bitte … und **eine Packung Zucker** – ein Kilo.
- Ja, wäre das alles?
- Ähhmm … geben Sie mir auch **ein Glas Erdbeermarmelade** und **eine Dose Erbsensuppe**, bitte … und auch **einen Becher Margarine**. Ja, das wäre alles. … Nein, Moment – ich brauche auch **eine Tube Paradeismark**.
- So. Bitte schön. Möchten Sie eine Tüte haben?
- Ja, gerne.
- Bitte schön … macht **130 Schilling 90** insgesamt.
- Hier, bitte.
- Und 10 Groschen zurück. Auf Wiedersehen.
- Servus

3
- So, bitte schön?
- **Fünfhundert Gramm Gouda Käse**, bitte.
- So ein Stück?
- Ist gut, ja. Und **150 Gramm Salami** noch dazu, bitte.
- Alles klar. Sonst noch einen Wunsch?
- Ähmmm … ja, ich hätte gern **ein Pfund Tomaten** und **ein Kilo Äpfel**, bitte.
- Ja. Kommt noch was dazu?
- Ja, ich nehme auch was für die Kinder. **Zwei Tafel Kinderschokolade, eine Toblerone** und **eine Tüte Bonbons**.
- Ist gut. Bitte schön. Macht zusammen **34 Franken**.
- Hier bitte.
- Und 6 Franken zurück. Vielen Dank.
- Ich danke auch. Auf Wiedersehen.

4
- Guten Tag. Ich hätte gern **30 Liter Rotwein**, bitte.
- So viel! Machen Sie eine Party, oder was?
- Ja, klar. Ich habe am Samstag meinen vierzigsten Geburtstag, und wir feiern ganz groß!
- Ach so! Also, wir haben französischen … italienischen … aus Württemburg …
- Ja, dann nehme ich fünfzehn Liter von den beiden ersten. Ich nehme auch drei Flaschen Sekt, bitte.
- So … Kommen Sie klar mit den vielen Flaschen? Soll ich einige Kartons holen?
- Nein, das geht. Das Auto steht gerade hier vor der Tür! Oh, geben Sie mir bitte auch **eine Schachtel Pralinen**.
- So, bitte schön. Macht … **205, 75 Mark** zusammen.

7 Ein Becher … eine Dose … ein Stück `page 58` 🎧

Practises receptacles and quantities vocabulary, plus *ich möchte*.

- The solution is recorded for pronunciation practice.

- Make flashcards divided into two halves, one half with the words denoting a quantity or container (e.g. *eine Tafel*), the other with a picture of a foodstuff (e.g. some chocolate). The cards are then cut in half and mixed. Students take it in turns to select two, and play a variation on the *richtig oder falsch* game (see Games, p. v). If the combination selected is not possible (*eine Tafel Cola*), the others must give a correct alternative (*eine Dose Cola* or *eine Tafel Schokolade*).
- Make cards with halves that do not match, for use in a game of dominoes (students match the card showing the words *eine Dose* to a picture of some cola).

---

1 Ich möchte eine Packung Kekse, bitte.
2 Ich möchte eine Tube Zahnpasta, bitte.
3 Ich möchte eine Dose Cola, bitte.
4 Ich möchte einen Becher Margarine, bitte.
5 Ich möchte eine Packung Nudeln, bitte.
6 Ich möchte eine Tafel Schokolade, bitte.
7 Ich möchte ein Pfund Zwiebeln, bitte.

---

8 Jetzt sind Sie dran! `page 59`

Students can now practise buying further items from this shopping list.

- This can also be done as a pairwork exercise.
- Students could write their own shopping lists in English for each other to buy.
- Now, or towards the end of the chapter, you may like to introduce the game *Stadtspiel* (see instructions for CM 8.1 and 8.2, p. 33) in its simpler form.

Ich möchte ein Stück Kuchen; ein Brot; ein Kilo Kartoffeln; ein Pfund Butter; eine Flasche Rotwein; eine Dose Tomaten; eine Packung Zucker; 500 g Salami; eine Packung Kekse; ein Glas Marmelade.

Das Einkaufsspiel `CM 6.1, CM 6.2`

A role-play shopping game to be used with the whole group.

- You may need to duplicate some of the copymasters twice if you have more than ten students.
- Copymaster 6.1 comprises six shopping lists to cut up and distribute amongst the six students who will play the customers.
- Copymaster 6.2 consists of four cards showing what is available at each of four shops. Four other students play the shopkeepers (they could also make signs to show which shop they represent).
- The customers' task is to shop, improvising dialogues with the shopkeepers, until they have attempted to buy all the items on their lists.
- The first student to finish, having bought all they can, is the winner. Warn them that some items are not available anywhere!
- You could also get students to note prices for the items bought, cross out items which are unavailable and note the total.
- As vocabulary is extended, new items or shops could be added.
- The game could be adapted for use in the setting of a department store (see activities 12 and 13, pp. 23–24 of this book).

9 Scheine und Münzen – das Geld! `page 59`

Pictorial introduction to the currencies of Germany, Austria and Switzerland.

10 Was kostet das? `page 59` 🎧

Listening practice at identifying relevant information
(sums of money) in recorded dialogues in shops.

1 ● Grüß Gott. Sie wünschen?
  ○ Grüß Gott. Ich hätte gern ein Stück Kuchen bitte ... nur weiß ich noch
    nicht von welchem! Was können Sie mir empfehlen?
  ● Oh ... die Sachertorte ist sehr gut ... die Erdbeertorte auch ... oder dieser
    Zwetschgenkuchen ist einer unserer Spezialitäten ... Schwarzwälder haben
    wir ... und Apfelstrudel.
  ○ So eine große Auswahl! Ich nehme ein Stück Erdbeertorte, bitte.
  ● Ein Stück Erdbeertorte ... so, hier bitte. 38 Schilling 50, bitte.
  ○ Hier bitte.
  ● Danke schön.
  ○ Ich danke auch. Auf Wiedersehen.
  ● Auf Wiedersehen.

2 ● Entschuldigen Sie, bitte. Hier steht kein Preis darauf. Was kostet dieser
    Wein?
  ○ Moment mal ... der Würtemberger ... kostet 15 Mark die Flasche.
  ● So. Ist das ein guter Wein? Können Sie den empfehlen?
  ○ Ja, Würtemberger Rotwein ist immer gut!
  ● Gut. Dann nehme ich die Flasche. Hier, bitte.
  ○ Und fünf Mark zurück.
  ● Vielen Dank. Auf Wiedersehen.
  ○ Bitte schön. Auf Wiedersehen.

3 ● Guten Tag. Haben Sie diese Pullover auch in rot?
  ○ Ja, die haben wir in rot ... und auch in schwarz ... und in blau sind sie auch
    sehr schön.
  ● Ja. Der rote gefällt mir am besten. Was kostet der, bitte?
  ○ Er kostet 170 Mark 95. Ist auch eine sehr gute Marke.
  ● Ja, gut. Dann nehme ich diesen hier.
  ○ Alles klar ... 170 Mark 95, bitte.
  ● Hier, bitte.
  ○ So ... vielen Dank.
  ● Ich danke auch. Auf Wiedersehen.
  ○ Auf Wiedersehen.

4 ● So. Macht zusammen 22 Franken 19, bitte.
  ○ Hier, bitte. Kleiner habe ich leider nicht.
  ● Macht nichts. So, und hier ist Ihr Kleingeld.
  ○ Danke schön.
  ● Bitte schön.

5 ● Das neue Buch von Hans-Peter Wolff ... was kostet das, bitte?
  ○ Heute ist das im Sonderangebot und kostet nur 390 Schilling. Ab
    Donnerstag kostet es 100 Schilling mehr.
  ● Oh, dann kaufe ich es jetzt gleich! Hier, bitte. 500 Schilling.
  ○ Und hier sind 110 Schilling zurück.
  ● Vielen Dank. Auf Weitersehen.
  ○ Bitte schön. Auf Wiedersehen.

6 ● Was kosten die Kartoffeln bitte?
  ○ Ein Franken 80 das Kilo.
  ● Gut. Dann hätt' ich gerne zwei Kilo, bitte.
  ○ Zwei Kilo Kartoffeln. Und sonst noch etwas?
  ● Nein, das ist alles.
  ○ Dann macht das drei Franken 60, bitte.
  ● So ... vielen Dank.
  ○ Bitte schön ... Der nächste, bitte!

> 1 e; 2 c; 3 f; 4 a; 5 b; 6 d

11 ... und was kostet das? `page 59` 🎧

Active practice at saying sums of money aloud.

◆ Answers can be checked against the recording.
❖ Some students might like to write out the amounts in words as
   number revision.

> 1 zehn Mark fünfzig
> 2 vierundvierzig Schilling zwanzig Groschen
> 3 hundert Franken
> 4 dreihundertfünfzig Mark
> 5 zwölf Franken fünfundfünfzig Rappen
> 6 zweitausend Schilling
> 7 fünfundsiebzig Pfennig
> 8 achtzig Mark sechzig Pfennig
> 9 neunundneunzig Schilling
> 10 drei Franken zwanzig Rappen

Was macht das? `CM 6.3`

This worksheet is for individual use, comprising visuals of various
amounts of money in the three different currencies. The task is to
write out the amount for each item.

> 1 vierundfünfzig Mark achtzig Pfennig
> 2 neun Franken fünfunddreißig Rappen
> 3 hundertachtzehn Schilling neunundneunzig Groschen
> 4 sechzig Mark sechzehn Pfennig
> 5 vierhundertsiebenundsiebzig Schilling
> 6 neunzehn Franken siebenundvierzig Rappen
> 7 dreihundertneunundachtzig Mark vierundneunzig Pfennig
> 8 fünfunddreißig Franken siebzig Rappen

12 Wo ist das, bitte? `page 60` 🎧

Language related to department stores is introduced by a
recording and printed plan. The use of *im* is also presented for
the first time here.

◆ Go through unknown vocabulary with students, explaining in
   German wherever possible, e.g. *Schmuck: Ringen, Ketten,
   Armbanduhren sind alle in der Schmuckabteilung zu finden.*
◆ Refer students to the Language box on p. 60 for help on the use of
   im and *in den*.
◆ Explaining compound nouns may help students decipher some of
   the vocabulary (see Language box, p. 60).
◆ The solutions are emboldened in the transcript.
❖ The shopping game from CM 6.1 and 6.2 could be adapted to fit the
   setting of a department store.

1 ● Entschuldigen Sie, bitte. Wo sind hier Topfpflanzen?
  ○ Topfpflanzen? Sie sind beim Gartenbedarf **im Untergeschoss**.
  ● Im Untergeschoss. Vielen Dank.
  ○ Bitte schön. Gern geschehen.

2 ● Entschuldigung. Ich möchte eine Bettdecke kaufen. Welcher Stock ist das?
  ○ Bettdecken sind bei Bettwäsche ganz oben **im dritten Stock**. Da müssen
    Sie hinauf.
  ● Alles klar. Vielen Dank.

3 ● Pralinen sind wohl bei Lebensmitteln im Untergeschoss, oder?
  ○ Nein, nicht im Untergeschoss. Wir haben eine besondere Abteilung für
    Süsswaren hier **im Erdgeschoss** – dort drüben, sehen Sie?
  ● Ach ja. Vielen Dank.
  ○ Nichts zu danken.

4 • Entschuldigen Sie, bitte. Ich möchte einige Postkarten von der Stadt kaufen. Welcher Stock ist das?
  ○ Gleich hier **im Erdgeschoss** bei den Andenken.
  • Vielen Dank.
  ○ Bitte.

5 • Wo kann ich hier einen Hut bekommen?
  ○ Für einen Mann oder eine Frau?'
  • Für eine Frau.
  ○ Also, da müssen Sie in den ersten Stock. Damenhüte finden Sie **im ersten Stock** bei Damenbekleidung.
  • OK. Danke schön.

6 • Entschuldigung, ich möchte einen Teddybär kaufen. Wo finde ich die Abteilung für Spielwaren?
  ○ Sie müssen **in den zweiten Stock**. Da finden Sie die Spielwarenabteilung.
  • Vielen Dank.
  ○ Gern geschehen.

13 Jetzt sind Sie dran! `page 60` 🎧/👥

Active practice of shopping language.

◆ Can be done either as pairwork or with the following gap-fill recording. An example is recorded for use in either case.
❖ Students could use the store guide to practise asking for other items.

Sie sind der Kunde bzw. die Kundin in einem Kaufhaus und wollen bestimmte Artikel kaufen. Hören Sie sich zuerst dem Beispiel zu.

Beispiel

• Entschuldigung. Ich möchte eine Lederjacke kaufen. Welcher Stock ist das, bitte?
○ Lederjacken sind bei Lederwaren im ersten Stock. Sie müssen also in den ersten Stock.

Jetzt sind Sie dran! Hören Sie zu und sprechen Sie in den Pausen.

1   < *pause* >
    • Tennisschläger sind bei Sportartikel im zweiten Stock. Sie müssen also in den zweiten Stock.
2   < *pause* >
    • Armbanduhren sind bei Uhren im Erdgeschoss. Sie müssen also ins Erdgeschoss.
3   < *pause* >
    • Hosen sind bei Herrenbekleidung im zweiten Stock. Sie müssen also in den zweiten Stock.
4   <*pause*>
    • Lampen sind im Lampenstudio, im dritten Stock. Sie müssen also in den dritten Stock.
5   • <*pause*>
    • Portemonnaies sind bei Taschen im Untergeschoss. Sie müssen also ins Untergeschoss.
6   • <*pause*>
    • Vasen sind bei Glas im Erdgeschoss. Sie müssen also ins Erdgeschoss.
7   • <*pause*>
    • Tische sind bei Möbel im dritten Stock. Sie müssen also in den dritten Stock.
8   • <*pause*>
    • Kugelschreiber sind bei Schreibwaren im Erdgeschoss. Sie müssen also ins Erdgeschoss.

Das Kaufhausspiel `CM 6.4a, 6.4b`

A board and card game for up to four players, to consolidate language learned in this chapter.

◆ You will need: 16 picture cards (CM 6.4a), 4 counters, 1 die, the game grid (CM 6.4b).
◆ Distribute the 16 picture cards amongst the group – they should have four cards each. These show the items each person has to buy. To further develop vocabulary, you could make additional picture cards featuring other items on the board.

◆ Students study the pictures on the game board and work out which floors they need to go to.
◆ The aim of the game is to begin at ground level, then purchase the items by throwing the die and going up and down escalators to the relevant floors, and finally returning to ground level. Students should decide in which order they are going to purchase their items (if two are available on the same floor, obviously visiting that floor once only!).
◆ Before each move, students should state which floor they are going to and what they are going to buy: *Ich gehe in den ersten Stock. Ich möchte eine Lampe kaufen.*
◆ When they have arrived, they say which floor they are on and what they are buying: *Ich bin im ersten Stock. Ich kaufe eine Lampe. Ich möchte jetzt …*
◆ They do not need to throw exact numbers – and they can go past one floor to the next without stopping. The first player to return to the ground floor having purchased all four items wins the game.

14 Wie finden Sie die Preise? `page 61` 🎧/👥

Further consolidates prices, encourages statement of opinions using *billig* and *teuer*. Also introduces *für* + accusative.

◆ Could be done as a pairwork task or with the following gap-fill recording. An example is recorded for use in either case.

Sehen Sie sich die Artikel auf Seite 61 an. Was meinen Sie? Ist das billig oder teuer? Hören Sie zuerst dem Beispiel zu.

Beispiel

1   • Was kostet die Topfpflanze?
    ○ 30 Mark.
    • Ist das billig oder teuer?
    ○ 30 Mark für eine Topfpflanze – das ist teuer!

2   • Was kostet die Bettdecke?
    <*pause*>
    • Ist das billig oder teuer?
    <*pause*>

3   • Was kostet die Schachtel Pralinen?
    <*pause*>
    • Das ist billig, nicht wahr?
    <*pause*>

4   • Was kosten die Postkarten?
    <*pause*>
    • Das ist teuer, oder?
    <*pause*>

5   • Was kostet der Hut?
    <*pause*>
    • Ist das billig oder teuer?
    <*pause*>

6   • Was kostet der Teddybär?
    <*pause*>
    • Was meinen Sie? Ist das billig oder teuer?
    <*pause*>

◆ Before listening to the second part of the recording you could teach the preposition *für* (refer to the Language box on p. 61 if necessary).
❖ As a follow-up to this, students could work in pairs, making up similar dialogues using *für*, and basing their conversations either on the items shown or some of their own choice. Some of the prices could be in *Schillinge* or *Franken* to reinforce the relative values of those currencies.

Jetzt hören Sie, was Karin dazu meint.

1 • Was kostet die Topfpflanze?
  ○ Sie kostet 30 Mark.
  • 30 Mark für eine Topfpflanze – Das ist aber teuer!

2 • Was kostet die Bettdecke?
  ○ Sie kostet 100 Mark.
  • Hundert Mark für eine Bettdecke – das finde ich billig.

3 • Was kostet die Schachtel Pralinen?
  ○ Sie kostet 25 Mark.
  • So viel?! Das ist teuer.

4 • Was kosten die Postkarten?
  ○ Sie kosten 2 Mark das Stück.
  • 2 Mark das Stück für Postkarten. Das ist aber billig!

5 • Was kostet der Hut?
  ○ Er kostet 115 Mark.
  • Hundertfünfzehn Mark für einen Hut!! Das ist viel zu teuer!

6 • Was kostet der Teddybär?
  ○ Er kostet zehn Mark.
  • Nur zehn Mark für einen Teddybär? Das ist doch wahnsinnig billig!

15 Auf der Post `page 62`

A recording introduces the language needed to purchase stamps, plus *nach* (with countries).

◆ The solutions are emboldened in the transcript

1 • Guten Tag. Was kostet eine Postkarte nach Schottland, bitte?
  ○ Eine Postkarte nach Schottland kostet **eine Mark**.
  • Und was kostet ein Brief nach England?
  ○ Eine Mark zehn.
  • Also, ich hätte gern eine Briefmarke zu **einer Mark** und eine zu **einer Mark zehn**, bitte.
  ○ Ist gut. Hier, bitte. Zwei Mark zehn.
  • Hier. Danke schön.
  ○ Bitte schön.

2 • Guten Tag. Was kostet eine Postkarte nach Frankreich, bitte?
  ○ Eine Postkarte nach Frankreich kostet **eine Mark**.
  • Also, ich hätte gern sechs Briefmarken zu einer Mark, bitte.
  ○ Ja, bitte schön, das macht sechs Mark, bitte.
  • Hier, vielen Dank.
  ○ Ich danke auch.

3 • Hallo. Wie viel kostet ein Brief nach Amerika, bitte?
  ○ Ein Standardbrief per Luftpost kostet **drei Mark**.
  • Dann hätte ich gern zwei Briefmarken zu drei Mark, bitte.
  ○ Zwei Stück zu drei Mark … hier, bitte. Macht sechs Mark.
  • Hier. Danke schön.
  ○ Bitte schön.

4 • Guten Tag. Eine Briefmarke zu **einer Mark**, bitte … und können Sie dieses Päckchen wiegen, bitte.
  ○ Ist das Inland?
  • Ja, nach Kaiserslautern.
  ○ Gut … lassen Sie mal sehen, nun das ist ein bisschen mehr als ein Kilo … 1025 Gramm. Das kostet also … **sechs Mark 90**. Macht zusammen **sieben Mark 90**, bitte.
  • Ist gut. Hier, bitte.
  ○ Vielen Dank. Geben Sie mir bitte das Päckchen.
  • Alles klar. Wiedersehen.
  ○ Wiedersehen.

16 Am Briefkasten `page 62`

A picture introduces additional postal information for receptive comprehension.

◆ Time is introduced fully in Chapter 9, although you may wish to point out how these times are said (e.g. *12.15 Uhr = zwölf Uhr fünfzehn*).

❖ Some students may be able to make up further questions (in German or English).

> 1 b; 2 c; 3 a; 4 a

17 Jetzt sind Sie dran! `page 62`

Active practice of post office language.

◆ Could be done as a pairwork exercise, or using the following gap-fill recording. An example is recorded for use in either case.

Sie sind der Kunde bzw. die Kundin auf der Post und wollen verschiedene Artikel schicken. Zuerst hören Sie dem Beispiel zu.

Beispiel

1 • Guten Tag. Was kostet ein Brief nach Amerika bitte? Ich habe hier drei Briefe.
  ○ Ein Brief nach Amerika kostet DM 3, also das macht DM 9 insgesamt.
  • Dann hätte ich gern drei Breifmarke zu drei Mark. Hier ist zehn Mark.
  ○ Danke … und eine Mark zurück. Auf Wiedersehen.

Jetzt sind Sie dran! Hören Sie zu und sprechen Sie in den Pausen.

2 *<pause>*
  • Zwei Postkarten nach Österreich … eine Mark das Stück … also 2 Mark bitte.
    <pause>
  • Danke schön. Tschüs.
    <pause>
3 *<pause>*
  • DM 1,10 bitte.
    <pause>
  • Vielen Dank.
4 *<pause>*
  • Sechs Postkarten nach Irland … Moment mal … Sechs Mark bitte.
    <pause>
  • Danke. Und Ihr Geld zurück. Ade!
5 *<pause>*
  • Das Päckchen ist unter 2 000 Gramm, also das ist DM 6,90 bitte.
    <pause>
  • Das mache ich an diesem Schalter. Vielen Dank!

Und so weiter …: Transcripts + Solutions `page 63`

1
> 1 Getränke; 2 Limonade, Mineralwasser, Apfelsaft;
> 3 Deposit; 4 Der Stuttgarter Hofbräu; 5 6; 6 0.33 l.

2 1 • Ja, kann ich Ihnen helfen?
    ○ Sicher. Ich möchte eine Packung Kaffee bitte, und zwei Dosen Gulaschsuppe.
    • Ja, kommt noch 'was dazu?
    ○ Ja, auch zwei Gläser Marmelade.
    • Wir haben Erdbeer, Aprikosen, Kirsch …
    ○ Aprikosenmarmelade, bitte.
    • Wäre das alles?
    ○ Nein, ich möchte auch eine Tüte frischer Champignons und acht Sesambrötchen, bitte.
    • Ja, gut. Sonst noch einen Wunsch?

    ○   Nein, das ist alles.

    ●   Macht **21 Mark** zusammen, bitte.

    ○   Vielen Dank. Auf Wiedersehen.

2 ●   Guten Tag. Sie wünschen?

    ○   Guten Tag. Ich hätte gern zehn Eier, bitte, und ein Stück Leberwurst.

    ●   Wieviel möchten Sie?

    ○   200 Gramm, bitte.

    ●   So. Kommt noch 'was dazu?

    ○   Ja, geben Sie mir bitte ein Kilo Zucker und zwei Flaschen Apfelsaft … und ich nehme auch einen Liter Milch.

    ●   Alles klar. Wäre das alles?

    ○   Ja. Was macht das zusammen, bitte?

    ●   Das macht **18, 50 Mark**. Vielen Dank.

    ○   Ich danke auch. Auf Wiedersehen.

3 ●   Guten Tag, Frau Groß. Wie kann ich Ihnen helfen?

    ○   Guten Tag! Ich nehme ein Pfund Karotten und zwei Kilo Zwiebeln, bitte. … Und ich hätte auch gern eine Packung Butterkekse und fünf Becher Jogurt – lieber Erdbeer.

    ●   Ist gut. Sonst noch etwas?

    ○   Ein Stück Emmentaler, bitte – 500 Gramm.

    ●   So. Ich gebe Ihnen auch eine Tüte. … Das macht **9, 30 Mark**.

    ○   Bitte schön.

    ●   Vielen Dank. Auf Wiedersehen, Frau Groß.

2

> 1C DM 21, -; Dosen, 2, 8
> 2A DM 18,50; 200 g, 10, Flaschen, Milch
> 3B DM 9,30; Packung, 500 g, Karotten

3

> ●   Guten Tag. Sie wünschen?
> ○   Ich möchte ein Landbrot, bitte.
> ●   Ja, ist gut. Sonst noch einen Wunsch?
> ○   Ja … was kosten die Brötchen, bitte?
> ●   30 Pfennig das Stück. Wie viel möchten Sie?
> ○   Ich nehme acht Stück, bitte. Was für Torten haben Sie heute?
> ●   Wir haben Käsetorte, Apfelkuchen, Zwetschgenkuchen … und die Erdbeertorte ist ganz frisch gebacken.
> ○   Gut, dann hätte ich auch gern vier Stück von der Erdbeertorte. Was macht das zusammen?
> ●   Das macht … 12 Mark 80 zusammen.
> ○   Hier, bitte.
> ●   Vielen Dank. Auf Wiedersehen.
> ○   Auf Wiedersehen.

4 Sie sind der Kunde bzw. die Kundin in einem Kaufhaus. Hören Sie zu und sprechen Sie in den Pausen.

–   Kann ich Ihnen helfen?

   <pause>

–   Sie sind hier im Erdgeschoss bei ‚Schmuck‘.

   <pause>

–   Da müssen Sie in den zweiten Stock.

   <pause>

–   Die Uhr kostet 800 Mark.

   <pause>

–   Die Schuhe? 300 Mark.

Zum Üben: Solutions `page 65`

1 **a** Ich möchte ein Portemonnaie kaufen.

    b Ich möchte einen Tennisschläger kaufen.

    c Ich möchte eine Vase kaufen.

    d Ich möchte eine Schachtel Pralinen kaufen.

2 **a** Eine Tube Mayonnaise; **b** Eine Packung Kaffee; **c** Ein Kilo Zucker; **d** Zwei Pfund Zwiebeln; **e** Ein Becher Kartoffelsalat; **f** Ein Liter Apfelsaft; **g** Eine Dose Cola.

3

der Becher	die Becher
die Frage	die Fragen
das Buch	die Bücher
die Scheibe	die Scheiben
der Schuh	die Schuhe
das Brötchen	die Brötchen
das Geschäft	die Geschäfte
die Torte	die Torten

4 **a** nach; **b** im; **c** für; **d** auf; **e** ins; **f** in

5 **a** kostet; **b** kosten; **c** kostet; **d** kosten; **e** kosten; **f** kostet; **g** kostet

6 **a** Ich möchte zwei Kilo Apfelsinen, bitte.

    b Welcher Stock ist das?

    c Was kosten sie?

    d Was kostet ein Brief nach Amerika?

    e Frau Klimek geht auf den Markt.

    f Sie geht in die Buchhandlung.

    g Sie kauft eine Flasche Wein und eine Schachtel Pralinen.

    h Sie müssen in den dritten Stock.

Vokabeltest: Solution

Wie heißt das auf Deutsch?

die Bäckerei; die Apotheke; das Lebensmittelgeschäft; ein Stück; die Kekse; kaufen; das Geld; das Geschenk; die Pralinen; die Zeitung; das Portemonnaie; die Uhr; die Postkarte; die Briefmarke

… und auf Englisch?

butcher's shop; cake shop; can (e.g. of coke); bar (e.g. of chocolate); floor; children's clothing; newspapers; customer service; collection (from a postbox); is there / are there?; world; onion; eggs; you buy

Topics	Activities
◆ Guesthouses	2–3
◆ Hotels	4–7
◆ Campsites	8–10
◆ Youth hostels	11–13

Language	Activities	Zum Lernen
◆ *es gibt*	2–4	note 1
◆ Months and dates	5–7	note 2
◆ *nicht*	12–13	note 3
◆ *kein*	12–13	note 4
◆ Modal verbs	12–13	note 5
◆ Questions	5	note 6

1 Die ‚Ferienshow‘ page 66 🎧

A multi-choice listening task introduces language describing holidays.

◆ Activities throughout this chapter are based on this opening scenario, which is an episode from a holiday show, featured in the following recording.

– Guten Abend, liebe Zuschauer! Herzlich Willkommen bei der ‚Ferienshow‘. Ich heiße Maria Weiß, und zuerst einmal möchte ich der Gewinnerin unserer ‚Frage-der-Woche‘ von letzter Woche gratulieren. Die Frage war: ‚Welche Stadt ist die älteste Stadt Deutschlands?‘ Die Antwort ist natürlich: ‚Trier‘, an der Mosel, an der Grenze zu Luxemburg im Westen. Ich gratuliere Frau Lena Kabultschensky – Sie bekommen eine Kiste Moselwein von uns!

  Nun, für diese Woche … Heute geht es über Ferienmöglichkeiten in unserem eigenen Land … hier in Deutschland. Hier mit mir im Studio sind vier Personen, die alle Urlaub hier in Deutschland gemacht haben. Katja Fischer, guten Abend. Wo waren Sie im Urlaub?

– Guten Abend, Maria. Ich habe in einer Jugendherberge in Koblenz am Rhein gewohnt und habe viele schöne Wanderungen an der Mosel gemacht.

– Schön, in einer Jugendherberge am Rhein und in der Nähe vom Moseltal. … Und Sie, Ludwig Herrgott?

– Ja, guten Abend, Maria. Ich war in den bayrischen Alpen bei Mittenwald – ich habe in einer Familienpension gewohnt.

– So, in einer Pension in Bayern. Super! Und hier ist auch Sascha Müller – wo waren Sie, Sascha?

– Ich war auf einem Campingplatz im Schwarzwald, nicht weit von Freiburg.

– Toll – der Schwarzwald ist unwahrscheinlich schön. Und schließlich haben wir Manfred Bayer-Kulot – wo waren Sie im Urlaub?

– Guten Abend. Ich war ganz im Norden, in Hamburg, in einem Hotel.

– Fantastisch! So, jetzt hören wir uns die Reportagen von unseren Reisenden an. Zuerst, die Reportage von Herrn Herrgott aus Mittenwald … (*fade*)

> 1 b; 2 a; 3 c; 4 a; 5 b; 6 c; 7 b; 8 a

2 Die erste Reportage: Eine Pension in Mittenwald page 67 🎧

This recording introduces vocabulary relating to guest house facilities.

◆ Explain any vocabulary items that are not obvious from the symbols.
◆ Students then listen to the recording (in which the main features of the accommodation are summarised) and tick off the facilities on the list (these are emboldened in the transcript). Pause the recording before the accommodation is named.
◆ Students then read the four ads. and identify which *Pension* Herr Herrgott is staying at.
◆ Finally, play the recording again, including the name of the accommodation as a solution.

● Ein Gruß aus Mittenwald, einer schönen Kurstadt in den bayrischen Alpen. Ich wohne hier in einer Familienpension direkt **am Kurpark – nicht weit vom Ortszentrum**, nur etwa acht Minuten entfernt. Von hier aus kann man viel unternehmen – wandern, spazierengehen … Die Pension hat schöne Zimmer, rustikal eingerichtet, jeweils mit **Balkon, Dusche und WC**. Das Frühstück wird im gemütlichen **Frühstücksraum** serviert – und ist reichhaltig. Das Haus hat auch **einen Parkplatz**, und für Familien eine zusätzliche **Ferienwohnung**. Das Haus ist außerdem ganzjährig geöffnet, also auch für Skifanatiker sehr praktisch.

<pause>

Das Haus heißt, **Gästehaus Kurparkfrieden‘**.

3 Jetzt sind Sie dran! page 67 👥

A productive activity supported by a language table to consolidate vocabulary learned above.

◆ The activity could be done as pairwork.
❖ Students could go on to describe their ideal B & B and perhaps make up an advertisement based on the guest houses shown in the book.
❖ Ask students to look at brochures for accommodation in their own area or an area they like to visit and describe them in German.
❖ This could be built up through the chapter and with the aim of giving a presentation about their chosen area (see activities 7, 13, CM 7.2).

4 Die zweite Reportage: Ein Hotel in Hamburg page 68

A reading comprehension to introduce hotel vocabulary, plus *es gibt*.

◆ Go through the key and make sure that any unfamiliar vocabulary is understood.
◆ Look at the information in sections to make it more accessible.

> **1** 205; **2** DM 114,–; **3** Ja; **4** Bad oder Dusche; WC; Direkttelefon, Telefaxanschluss, Kabel-TV, Hausvideo und Minibar; **5** Südöstlich des Hamburger Zentrums, im Stadtteil Bergedorf; **6** c; **7 a** richtig; **b** richtig; **c** falsch; **d** richtig; **e** falsch; **f** falsch

5 Haben Sie Zimmer frei? page 69 🎧

This listening activity introduces language needed to make hotel reservations. Also provides practice at asking questions and revises *kein*.

◆ The solutions are emboldened in the transcript.

1 ● Guten Tag. Ich suche **ein Einzelzimmer mit Bad und WC**. Haben Sie etwas frei?

  ○ Guten Tag. Ja, ich schaue mal nach … ja, natürlich, wir haben ein Einzelzimmer frei. Wie lange bleiben Sie?

  ● **Drei Nächte**, vom fünften bis zum achten April.

  ○ Also das heißt am 5., 6. und 7. April?

  ● Ja, richtig. Ich fahre am 8. wieder ab.

  ○ Und möchten Sie Halbpension haben oder nur Übernachtung mit Frühstück?

  ● **Halbpension**, bitte. Was kostet das?

  ○ Ein Einzelzimmer kostet 185 Mark pro Nacht, und das ist inklusive Frühstück, Bedienung und Mehrwertsteuer. Halbpension kostet zusätzlich 40 Mark pro Tag.

  ● Alles klar. … Hat das Hotel **einen Fitnessraum** und **ein Hallenbad**?

  ○ Einen Fitnessraum haben wir … Sauna, Solarium und Whirlpool auch, aber leider kein Hallenbad.

  ● Gut. Vielen Dank.

  ○ Wollen Sie mir jetzt bitte mal folgen? Hier ist Ihr Schlüssel – ich zeige Ihnen Ihr Zimmer.

2 ● Guten Tag. Ich suche **ein Doppelzimmer mit Bad und WC.** Haben Sie noch etwas frei?

○ Guten Tag. Moment, ich schaue mal nach … ja, wir haben Doppelzimmer frei. Wie lange bleiben Sie?

● **Eine Woche.**

○ Also vom dreizehnten bis zum zwanzigsten Januar?

● Ja, richtig.

○ Und möchten Sie Halbpension haben, oder nur Übernachtung mit Frühstück?

● Nur **Übernachtung mit Frühstück.**

○ Ein Doppelzimmer kostet 125 Mark pro Person pro Nacht, und das ist inklusive Frühstück, Bedienung und Mehrwertsteuer.

● Alles klar. … Kann man hier in der Nähe **Golf spielen?**

○ Ja, ganz in der Nähe des Hotels.

● Prima, das freut mich!

○ Wollen Sie mir jetzt bitte folgen … Hier ist Ihr Schlüssel – ich zeige Ihnen Ihr Zimmer.

3 (Am Telefon)

● Guten Tag. Hier das Treff-Hotel Hamburg. Wie kann ich Ihnen helfen?

○ Guten Tag. Hier Frau Bäcker von ‚Müller und Schultz' in Aachen. Ich möchte für einige meiner Kollegen Zimmer reservieren.

● Ja gut, und von wann bis wann?

○ Also, vom siebenundzwanzigsten bis zum dreißigsten September, also **drei Nächte** insgesamt.

● Ja, und wie viele Personen sind das?

○ Dreißig Personen, das wären also **30 Einzelzimmer,** und **Vollpension** für alle.

● Ja, gut. Das ist kein Problem. Sie müssen die Reservierung aber schriftlich bestätigen, bitte.

○ Natürlich. … Das Hotel hat **Konferenzräume,** nicht wahr?

● Ja, sicher – wir haben 14 Tagungsräume, alle klimatisiert, mit modernen Tagungseinrichtungen.

○ Ausgezeichnet. Und was für **Freizeitmöglichkeiten** gibt es in der Nähe vom Hotel?

● Ja, also recht viele … am besten schicke ich Ihnen einen Prospekt, damit Sie wissen, was es hier alles gibt. Geben Sie mir bitte die Adresse von Ihrer Firma …

4 ● Guten Tag. Ich möchte Zimmer für mich und meine Familie reservieren, bitte. Wir sind zwei Erwachsene und zwei Kinder.

○ Ja, klar. Die Kinder sind wohl beide unter zwölf Jahren, oder?

● Ja, die sind erst sieben und neun.

○ Sie können also kostenlos in Ihrem Zimmer übernachten. … Wie lange wollen Sie bleiben?

● **Nur heute Nacht.**

○ Und möchten Sie Halbpension haben, oder nur Übernachtung mit Frühstück?

● Ähmm … **Halbpension,** bitte.

○ Also, **ein Doppelzimmer** für heute nacht, mit Halbpension für vier Personen.

● Ja, richtig. Um wie viel Uhr wird **das Abendessen** serviert?

○ Das ist **ab sieben Uhr im Restaurant,** hier geradeaus.

● Gut. Kann ich Sie auch noch fragen … mein Auto steht hier auf der Straße – wo ist der **Parkplatz** für's Hotel, bitte?

○ Also, wir haben **eine Tiefgarage;** Sie müssen zuerst mal wenden, und dann …

6 Jetzt sind Sie dran! `page 69` 🎧 + 👥

Active practice at making hotel bookings based on prompts in the Study Book. Introduces dates and months.

◆ Could be developed into pairwork dialogues.

◆ Refer to the symbols on p. 68, and to the grammar explanation about giving dates (*Zum Lernen,* p. 74 note 2).

◆ A possible solution is recorded.

> 1 Ich möchte ein Einzelzimmer mit Dusche, Fernsehen und Telefon für vier Nächte (vom zwölften bis zum sechzehnten Juli) reservieren.
> Ich möchte Halbpension.
> Hat das Hotel einen Lift? Hat das Hotel ein Schwimmbad?
> Was kostet das Zimmer?

> 2 Ich möchte ein Doppelzimmer mit Bad und Balkon für sieben Nächte (vom einundzwanzigsten bis zum achtundzwanzigsten Oktober) reservieren.
> Ich möchte Übernachtung mit Frühstück.
> Hat das Hotel einen Parkplatz? Ist das Hotel familienfreundlich?
> Was kostet das Zimmer?

> 3 Ich möchte drei Dreibettzimmer mit Dusche für zwei Nächte (vom zweiten bis zum vierten Dezember) reservieren.
> Ich möchte Vollpension.
> Hat das Hotel Ausstattung für Rollstuhlfahrer? Gibt es eine Gruppenermäßigung? Werden Kreditkarten akzeptiert?
> Was kosten die Zimmer?

Ich möchte ein Zimmer reservieren `CM 7.1`

A pairwork role-play task to reinforce the work covered so far in this chapter.

◆ Each student takes one half of the photocopied sheet – one plays the role of the customer, the other is the hotel receptionist.

◆ You may need to provide some help in formulating questions. Suggest that students swap roles after item 2, so that they each have the opportunity to book rooms.

7 Schreiben Sie einen Brief! `page 70`

Practises making written hotel reservations.

❖ Students could write a similar letter themselves, with their own requirements.

❖ Students could develop the follow-up work outlined in activity 3, by describing the facilities offered by hotels in their own area.

❖ This page concludes with a cartoon. You could check comprehension with a few simple questions in English or German.

> ein Einzelzimmer mit Dusche für die Zeit vom 18. bis zum 22. August (4 Nächte)
> Ich möchte auch Vollpension haben.
> Hat das Hotel ein Schwimmbad?
> … und den Preis von DM 50 pro Nacht für Übernachtung mit Frühstück und DM 70 pro Tag für Vollpension.

8 Die dritte Reportage: Ein Campingplatz im Schwarzwald `page 71`

A plan and questions introduce vocabulary relating to campsite facilities.

◆ The questions are recorded for use in the next activity.

> **a** 4; **b** 2; **c** 7; **d** 8; **e** 9; **f** 1; **g** 6; **h** 10; **i** 5; **j** 3

9 Ich möchte einen Stellplatz reservieren `page 71` 🎧

Aural recognition of vocabulary learned above.

◆ The questions in the recording are the same as those from activity 8.

◆ As the dialogue is fairly lengthy, you could play it in sections, stopping the tape at the suggested points (indicated by an asterisk in the text).

● Guten Tag. Ich möchte einen Stellplatz reservieren, bitte.

○ Gut. Haben Sie schon telefonisch oder schriftlich reserviert?

● Nein, haben wir nicht. (*)

○ Also, haben Sie einen Wohnwagen, ein Wohnmobil oder ein Zelt?

● Wir haben einen Wohnwagen und ein Auto. (*)

○ Ja, gut. Alle Stellplätze haben natürlich Stromanschluss für den Wohnwagen. Wie viele Personen sind Sie?

- Vier. Ich, mein Mann, und zwei Kinder. (*)
- Also … zwei Erwachsene, zwei Kinder. Wie alt sind die Kinder?
- Acht und elf Jahre. (*)
- Gut. Und wie lange möchten Sie bleiben?
- Wir möchten zehn Nächte bleiben. (*)
- Zehn Nächte … alles klar.
- Was kostet das, bitte?
- Nun, Erwachsene bezahlen sieben Mark pro Übernachtung, Kinder bis zu 12 Jahren fünf Mark … für das Auto, drei Mark 50, und sieben Mark für den Wohnwagen … also 34 Mark pro Nacht. Aber Sie bezahlen natürlich erst, wenn Sie abreisen. (*)
- Ja, klar. Gibt es ein Restaurant auf dem Campingplatz?
- Natürlich … hier, nehmen Sie einen Plan vom Campingplatz. (*)
- Danke. Also, wo sind die Sanitäranlagen …?
- Ja, ich zeige sie Ihnen, wenn ich Sie zum Stellplatz bringe. (*)
- Wie weit ist es zum Stadtzentrum?
- Das Stadtzentrum von Freiburg kann man zu Fuß erreichen – das ist nur etwas über 1 Kilometer von hier. (*)
- Und welche Freizeitangebote haben Sie hier?
- Ziemlich viele … Sie können zum Beispiel schwimmen gehen, Rad fahren, wandern … (*)
- OK. Vielen Dank.
- Ja, gut. Ich bringe Sie jetzt zum Stellplatz.

> 1 e; 2 c; 3 j; 4 h; 5 a; 6 g; 7 i; 8 f; 9 d; 10 b

10 Jetzt sind Sie dran! page 71

Practises questions and answers in a campsite situation, first passively, then actively with a recorded gap-fill exercise.

- ◆ Students could change the details and try the dialogue again.
- ◆ Some students may be able to perform the dialogue in pairs.

> a Wir möchten zehn Nächte bleiben.
> c Wir haben einen Wohnwagen und ein Auto.
> e Nein, haben wir nicht.
> h Acht und elf Jahre.
> j Vier. Ich, mein Mann, und zwei Kinder.

Sie wollen einen Stellplatz auf einem Camping reservieren. Hören Sie zu und sprechen Sie in den Pausen.

- Guten Tag. Sie möchten einen Stellplatz. Haben Sie schon telefonisch oder schriftlich reserviert?
  <pause>
- Also, haben Sie einen Wohnwagen, ein Wohnmobil oder ein Zelt?
  <pause>
- Ja, gut. Wie viele Personen sind Sie?
  <pause>
- Danke … Wie alt sind die Kinder?
  <pause>
- Gut. Und wie lange möchten Sie bleiben?
  <pause>
- So … alles klar.

11 Die vierte Reportage: Eine Jugendherberge in Koblenz page 72

Introduces vocabulary relating to youth hostelling, plus *müssen*, *können* and *dürfen* in the third person singular form with *man*.

- ◆ Students listen and follow the text, which provides an introduction to the activities which follow.
- ◆ They then match the visuals with the correct explanation.

- Guten Tag. Können Sie mir Informationen über die Jugendherberge hier in Koblenz geben?
- Ja, natürlich. Sie befindet sich auf der Festung Ehrenbreitstein und ist mit dem Sessellift oder zu Fuß zu erreichen. Sie ist für Familien und Gruppen besonders geeignet. Übernachtung mit Frühstück kostet ab 26 Jahren 19 Mark 10, und ab 27 Jahre bezahlen Sie einen Zuschlag von 3 Mark 50.
- Das ist für mich das erste Mal in einer Jugendherberge. Gibt es bestimmte Regeln?
- Ja, und zwar …

> 1 g; 2 f; 3 e; 4 a; 5 d; 6 c; 7 h; 8 i; 9 b; 10 j

12 Jetzt sind Sie dran! page 72

Encourages recognition of whether to use *muss*, *darf* or *kann*. Introduces *nicht* and revises *kein*.

- ◆ This can be done individually or as pairwork, and could be written or oral.

13 Doofe Regeln! page 72

A lighthearted exercise to practise modal verb constructions.

- ◆ You may have to offer additional vocabulary support for this exercise.
- ❖ Some students may also be able to extend this to some rules for the classroom or for the home, silly or otherwise, using vocabulary with which they are familiar (e.g. *Man darf mit einem Partner arbeiten. Man muss Deutsch sprechen.*).
- ❖ Students who have been building up a profile of accommodation in their area or an area of their choice (see activity 3) may wish to amend or add to some of their earlier work using modal verbs (e.g. *Man kann das Frühstück im Frühstücksraum essen. Man muss zwei Nächte bleiben. Man darf keine Hunde mitbringen.*).

Ein Rätsel CM 7.2

Practises all the language learned in this chapter.

- ◆ Students can work out this puzzle for themselves, or in pairs.
- ◆ The four speech bubbles describe accommodation in an obscure way. Students should identify who is speaking each time.
- ◆ Groups of students may be able to make up their own puzzle for others to try. They could base it on material they have created in their profile of accommodation (see activity 3).

> Mario – C; Mustafa – D; Mora – B; Marianne – A

Und so weiter …: Transcripts + Solutions page 73

1 1 • Guten Tag. Ich möchte einen Stellplatz reservieren, bitte.
- Also, haben Sie einen Wohnwagen, ein Wohnmobil oder ein Zelt?
- Wir haben **einen Wohnwagen und ein Auto.**
- Ja, gut. Wie viele Personen sind Sie?
- **Zwei.** Ich und mein Mann.
- Also … **zwei Erwachsene** … gut. Und wie lange möchten Sie bleiben?
- Wir möchten **fünf Nächte** bleiben.
- Fünf Nächte … alles klar. Also, ich bringe Sie jetzt zum Stellplatz.

2 • Guten Tag. Ich möchte einen Stellplatz reservieren, bitte.
- Also, haben Sie einen Wohnwagen, ein Wohnmobil oder ein Zelt?
- Wir haben ein großes **Zelt** und ein **Auto.**
- Ja, gut. Und wie viele Personen sind Sie?
- **Sechs Personen – zwei Erwachsene und vier Kinder.**
- Also … zwei Erwachsene und vier Kinder … gut. Und wie lange möchten Sie bleiben?
- Wir möchten **eine Woche** bleiben.
- Eine Woche … alles klar. Also, ich bringe Sie jetzt zum Stellplatz.

3 ● Guten Tag. Wir möchten einen Stellplatz reservieren, bitte.
○ Also, haben Sie einen Wohnwagen …
● Nein, nur **ein kleines Zelt**.
○ Kein Auto?
● Nein, wir sind mit unseren Fahrrädern da.
○ So … **zwei Erwachsene** … wie lange möchten Sie bleiben?
● Wir möchten nur **zwei Nächte** bleiben.
○ Zwei Nächte … alles klar. Also, kommen Sie bitte mit, ich bringe Sie jetzt zum Stellplatz.

4 ● Guten Tag. Ich möchte einen Stellplatz reservieren, bitte.
○ Ja, also, haben Sie einen Wohnwagen, ein Wohnmobil oder ein Zelt?
● Wir haben **ein Wohnmobil**.
○ Gut. Wie viele Personen sind Sie?
● **Vier. Ich, meine Frau und zwei Teenager.**
○ Alles klar. Und wie lange möchten Sie bleiben?
● Wir möchten **zwei Wochen** bleiben, bitte.
○ Natürlich, kein Problem. Alle Stellplätze haben Stromanschluss für das Wohnmobil. Sie bezahlen natürlich erst, wenn Sie abreisen … so, ich bringe Sie jetzt zum Stellplatz.

2

1	*Familienzimmer*
2	Shower and toilet or washing facilities.
3	Sport and leisure facilities / BBQ.
4	From Koblenz station by bus, numbers 7, 8, 9 and 10, or on foot from Ehrenbreitstein station.
5	By showing your DJH pass.
6	School groups, seminar groups, conferences, and families.

3 – Wie viele Personen sind Sie?
– Was für Zimmer möchten Sie?
– Wie lange möchten Sie bleiben?
– Was für Verpflegung möchten Sie?

Zum Üben: Solutions page 75

1
a Es gibt ein Restaurant.
b Es gibt einen Lift.
c Es gibt ein Schwimmbad.
d Gibt es Halbpension?
e Gibt es Zimmer mit Bad/WC?

2
a Ja, man kann warm essen.
b Ja, man muss nach dem Essen abwaschen.
c Nein, man darf nicht rauchen.
d Ja, die Jugendherberge ist für Familien besonders geeignet.
e Nein, Haustiere sind nicht erlaubt.

3
a am fünfundzwanzigsten April
b am siebzehnten Februar
c am ersten Januar
d am einunddreißigsten Oktober
e am dritten Juni

4
a Hat das Hotel eine Sauna?
b Liegt die Jugendherberge ziemlich weit vom Stadtzentrum entfernt?
c Darf man hier grillen?
d Muss man alles sauberhalten?

5
a Man muss selber abwaschen.
b Man darf keinen Alkohol in der Jugendherberge mitbringen.
c Man muss jeden morgen sein Bett machen.

Vokabeltest: Solution

Wie heißt das auf Deutsch?

der Urlaub; die Woche; die Pension; Halbpension; die Dusche; Nichtraucher-; ruhig; ich spiele; das Doppelzimmer; der Parkplatz; der Schlüssel; der Wohnwagen; das Zelt; das Frühstück

... und auf Englisch?

spa resort; overnight stay; group reduction; comfortable; accommodation; entertainment event; free; VAT; wishes; youth hostel; bed linen; rules; we have a barbecue; for example

Topics	Activities		Language	Activities	*Zum Lernen*
◆ At the tourist office	1–3		◆ Dative case	9, 10	note 1
◆ Places of interest	3–7		◆ Prepositions	8–10	note 2
◆ Finding the way	8–10		◆ Times	11	note 3
◆ At the bank	12		◆ Word order	8, 9	note 4

1   Was gibt es im Verkehrsamt?   page 76

A recording-based activity to introduce vocabulary relating to tourism.

◆ Pre-teach the vocabulary either by using flashcards, or by bringing in a collection of tourist office materials yourself and teaching their names in German.

◆ Students can list the things mentioned either as words or letters.

● Guten Tag! Kann ich Ihnen helfen?

○ Ja, guten Tag. Was für Informationsmaterial haben Sie über die Stadt?

● Also, wir haben eigentlich alles: hier haben Sie einen guten Stadtplan … und da sind Broschüren über die Sehenswürdigkeiten. Dann gibt's verschiedene Prospekte – über Hotels und Pensionen in der Stadt …

○ Ein Hotel habe ich schon … aber haben Sie eine Liste von Restaurants?

● Ja, natürlich. Hier, dieser Prospekt beschreibt eine sehr gute Auswahl der Restaurants in der Stadt und näheren Umgebung … und dieser Prospekt informiert Sie, was im Theater, im Kino oder in der Oper läuft.

○ Dafür habe ich leider wenig Zeit. Ich möchte aber so viel wie möglich sehen.

● Dann empfehle ich Ihnen eine Stadtrundfahrt. Hier haben Sie Informationen darüber. Oder vielleicht möchten Sie ein Buch kaufen, einen Reiseführer wie diesen hier zum Beispiel. Den haben wir auf Deutsch, auf Englisch, auf Französisch … Dann können Sie selber planen, was Sie sehen wollen. Wir haben sogar Fahrpläne für die öffentlichen Verkehrsmittel.

○ Danke. Ich überlege es mir. So ein Buch wäre vielleicht auch schön als Andenken.

● Sicher. Wir haben auch sehr interessante Poster von der Stadt. Viele Leute kaufen sie als Andenken.

○ So, vielen Dank. Ich nehme erst mal diese Broschüren und Prospekte … und den Stadtplan. Was kostet das bitte?

● Das ist alles kostenlos. Nur die Bücher und die Poster muss man bezahlen.

○ Danke sehr.

● Bitte sehr. Ich wünsche Ihnen einen schönen Aufenthalt hier.

> I (Stadtplan); B (Broschüren über die Sehenswürdigkeiten); E (Prospekt über Unterkünfte); F (Prospekt über Restaurants); H (Prospekt über Veranstaltungen) ; A (Informationen über Stadtrundfahrten); D (Reiseführer); C (Fahrpläne für die offentlichen Verkehrsmittel); G (Poster)

2   Kann ich Ihnen helfen?   page 77

Practises asking for information in a tourist office.

◆ Possible solutions are recorded.

❖ Once students have provided the basic information, this could be developed into pairwork dialogues.

Sie sind im Verkehrsamt, und wollen Informationen über die Stadt.
Zuerst hören Sie dem Beispiel zu.

Beispiel

● Guten Tag! Kann ich Ihnen helfen?

○ Ja. Ich möchte einen Stadtplan und Broschüren über die Sehenswürdigkeiten.

● Gerne. Sonst noch etwas?

○ Haben Sie einen Prospekt über Restaurants?

● Ja, sicher.

Jetzt sind Sie dran. Hören Sie sechsmal zu und sprechen Sie in den Pausen.

● Guten Tag. Kann ich Ihnen helfen?

  <pause>

● Gerne. Sonst noch etwas?

  <pause>

● Ja, sicher

> Lösung
>
> 1 ● Guten Tag! Kann ich Ihnen helfen?
>   ○ Ja. Ich möchte einen Reiseführer und einen Prospekt über Restaurants.
>   ● Gerne. Sonst noch etwas?
>   ○ Haben Sie Poster?
>   ● Ja, sicher.
>
> 2 ● Guten Tag! Kann ich Ihnen helfen?
>   ○ Ja. Ich möchte Informationen über Stadtrundfahrten.
>   ● Gerne. Sonst noch etwas?
>   ○ Haben Sie einen Prospekt über Veranstaltungen und einen Stadtplan?
>   ● Ja, sicher.
>
> 3 ● Guten Tag! Kann ich Ihnen helfen?
>   ○ Ja. Ich möchte Fahrpläne für den Bus und die U-Bahn.
>   ● Gerne. Sonst noch etwas?
>   ○ Haben Sie Broschüren über die Sehenswürdigkeiten?
>   ● Ja, sicher.
>
> 4 ● Guten Tag! Kann ich Ihnen helfen?
>   ○ Ja. Ich möchte einen Prospekt über Unterkünfte und einen Stadtplan.
>   ● Gerne. Sonst noch etwas?
>   ○ Haben Sie Informationen über Stadtrundfahrten?
>   ● Ja, sicher.
>
> 5 ● Guten Tag! Kann ich Ihnen helfen?
>   ○ Ja. Ich möchte einen Prospekt über Veranstaltungen.
>   ● Gerne. Sonst noch etwas?
>   ○ Haben Sie einen Stadtplan und Fahrpläne?
>   ● Ja, sicher.
>
> 6 ● Guten Tag! Kann ich Ihnen helfen?
>   ○ Ja. Ich möchte einen Prospekt über Restaurants und Broschüren über die Sehenswürdigkeiten.
>   ● Gerne. Sonst noch etwas?
>   ○ Haben Sie einen Reiseführer?
>   ● Ja, sicher.

3   Gespräch im Berliner Verkehrsamt   page 77

A listening activity introducing places of interest and practising phrases with the accusative (*es gibt …, wir haben …, Sie können … besichtigen*).

◆ The places of interest are divided into three gender groups for clarity and ease of reference. Students note the letters of the places as they hear them.

- Guten Tag. Ich bin hier auf Besuch. Was gibt es in Berlin zu sehen und zu tun?
○ Es gibt sehr viel zu tun! Wir haben viele Sehenswürdigkeiten, zum Beispiel: Es gibt den Reichstag, das Brandenburger Tor, den Potsdamer Platz, die Siegessäule, die berühmte Allee ‚Unter den Linden‘ und die Mauer – das heißt die Reste der Mauer. Diese Sehenswürdigkeiten sind alle zusammen in einem Stadtteil. Dann ein bisschen weiter weg haben wir den Berliner Dom, den Fernsehturm, das Rote Rathaus, die Museumsinsel mit sehr interessanten Museen. Und was noch? Es gibt das Schloss Charlottenburg, das Olympiastadion …
- So, gut. Und ich habe vom Kurfürstendamm gehört. Was kann man da machen?
○ Ja, natürlich der Kurfürstendamm. Da haben wir sehr gute Geschäfte. Sie können den ganzen Tag einkaufen, wenn Sie wollen! Und an einem Ende gibt's die Kaiser-Wilhelm-Gedächtniskirche, besonders sehenswert.
- Und abends? Was kann ich zum Beispiel heute Abend machen?
○ Das Nachtleben ist sehr gut. Wir haben viele Kinos, Theater, Restaurants usw. Und es gibt auch die Staatsoper – ich habe sogar noch Karten für heute Abend.
- Wirklich? Das wäre interessant. Aber zuerst, glaube ich, mache ich eine Stadtrundfahrt, um einen Eindruck zu bekommen.
○ Prima. Das können Sie hier buchen …

A L E H G J C B O I M N D F K

4 Berliner Sehenswürdigkeiten `page 77`

Further practises and consolidates the language introduced in the previous activity.

❖ Provide a series of simple historical and cultural statements about these sights, with jumbled English translations for students to piece together.
❖ Students could then conduct short presentations about the sights, and perhaps describe sights in another famous city, or even your own town.

A Es gibt das Brandenburger Tor.
B Es gibt die Mauer.
C Es gibt die Oper.
D Es gibt das Olympiastadion.
E Es gibt den Potsdamer Platz.
F Es gibt den Fernsehturm.

5 Was gibt es in Ihrer Stadt zu sehen? `page 78`

Listening comprehension to practise town-related vocabulary.

◆ You may wish to pre-teach the key vocabulary by consulting the key to the map on p. 79 in the Study Book.

○ Was gibt es in Ihrer Stadt zu sehen?
■ Also, ich komme aus Hamburg und da gibt's jede Menge interessanter Sachen. Es gibt den Hafen an der Elbe – eine Hafenrundfahrt ist auf jeden Fall zu empfehlen. Und im Stadtzentrum haben wir die Alster. Das Rathaus ist ein schönes Gebäude und in der Nähe sind sehr gute Geschäfte. Dann haben wir viele Kirchen und Museen, die Kunstgalerie, den Stadtpark, Hagenbecks Tierpark … Und das Nachtleben ist hervorragend: wir haben Shows, besonders auf der Reeperbahn, Kinos, Theater, die Oper, gute Restaurants … Was kann ich noch sagen? Sie müssen einfach nach Hamburg kommen und alles erleben!
○ Danke. Ja, das tue ich. Und Sie, woher kommen Sie?
▲ Ich komme aus Österreich – ich wohne in der Hauptstadt, Wien.
○ Und was gibt es in Wien zu sehen?
▲ Sehenswert ist eigentlich alles in Wien, aber alle Touristen besuchen das Schloss Schönbrunn. Dann gibt's den Dom (den Stephansdom) und das Opernhaus und … ach, es gibt so viele schöne Gebäude, man kann sie nicht alle nennen. Man braucht nur genug Zeit, um alles zu besichtigen … und dabei auch unseren guten Wein zu trinken.
○ Das hört sich sehr gut an. Vielen Dank. Und Sie? Was gibt es in Ihrer Stadt zu sehen?
★ In der Stadt selbst ist nicht viel zu sehen – Gütersloh ist eine Kleinstadt, und es gibt ein paar alte Fachwerkhäuser, den Stadtpark, ein ziemlich modernes Rathaus, eine Kleinbahn und so weiter. Aber die Umgebung ist sehr schön – da

hat man zum Beispiel den Teutoburger Wald und das berühmte Hermannsdenkmal; das Freilichtmuseum bei Detmold finde ich auch höchst interessant und Bielefeld ist auch nicht weit weg. Dort gibts einen Tierpark, was besonders gut für Kinder ist.
○ Gut. Danke. Und Sie kommen aus …?
✦ Tübingen, in Süddeutschland. Das ist eine alte Universitätsstadt. Es gibt viele Fachwerkhäuser, den Marktplatz und das Rathaus, gute Museen, Kirchen, alles Mögliche … und den Fluss, wir haben einen hübschen Fluss mit einer hohen Brücke.
○ Also, vielen Dank. Ich glaube, es gibt viel zu sehen. Bloß, wo fängt man an?!

A – Gütersloh; B – Hamburg; C – Wien; D – Tübingen

6 Stadtplan `page 79`

This plan can be used to support a number of way-finding activities (first see pp. 79 and 80 in the Study Book).

❖ Make cards featuring the places in town (copy the symbols). Give two cards to each pair of students. One student has to ask for directions from one place to the other, their partner looks at the map and responds. They can then swap place names with another pair, or form new pairs, keeping their own place name.
❖ Students could conduct a tour of the town, taking in as many sights as possible, saying what there is to see and giving some directions. The other students (the 'visitors') might want to ask questions about the places (e.g. *Wie alt ist der Dom? Was gibt's im Rathaus zu sehen?*).

7 Und Sie? `page 79`

Consolidates language learned so far, and allows students to have conversations about their own towns, using the example in the Study Book as a model.

◆ You may need to provide some simple adjectives.
❖ Some students might like to prepare a very simple brochure introducing their town.
❖ Students could act out role-plays in a tourist office, in which someone is asking about what there is to see and do in their town.
❖ For fun, they could could present the town as negatively as possible in order to put off prospective tourists: *In … ist nichts los. Es gibt kein Kino / keine Kunstgalerie / keinen Marktplatz … Der Dom ist alt und hässlich … ,usw.*

8 Wie komme ich dahin? `page 80`

A recording-based exercise to introduce directions, language for asking the way, *zum* and *zur*.

◆ Before beginning, introduce the directions shown by the symbols – students repeat after you.
◆ Refer students to the Language box on p. 80 for explanations of *zum / zur / zu den*.
❖ Play the tape again and ask students to make a list of the places preceded by *zum / zur / zu den*. (Refer to the Language box on p. 80.)
❖ Practise the same idea with other familiar vocabulary, such as shops.

1 ● Entschuldigen Sie bitte. Wie komme ich zum Theater?
○ Zum Theater? Das ist ganz einfach. Sie gehen hier geradeaus und nehmen die zweite Straße rechts. Und das Theater sehen Sie nach 50 Metern auf der rechten Seite.

2 ● Entschuldigung. Wie komme ich zum Rathaus, bitte?
○ Also, das Rathaus ist in der Stadtmitte. Am besten nehmen Sie die erste Straße links und dann gehen Sie immer geradeaus. An der Ampel gehen Sie nach rechts und das Rathaus liegt gerade vor Ihnen.

3 ● Suchen Sie etwas?
○ Ja, den Zoo. Wie komme ich zum Zoo?
● Das ist gar nicht so weit. Sie gehen gleich hier links, dann die erste Straße rechts und dann nehmen Sie die zweite … nein … die dritte Straße links.
○ Also, links, erste rechts, dritte links. Danke.

4 ● Entschuldigen Sie bitte. Ich möchte zur Kunstgalerie. Wie komme ich dahin?
   ○ Zur Kunstgalerie? Ich bin mir nicht sicher. Augenblick. Harald … wie kommt man zur Kunstgalerie?
   ▲ Geradeaus bis zur Kreuzung, links und dann die zweite Straße links.
   ○ Also, haben Sie das gehört? Geradeaus, links an der Kreuzung und dann die zweite links.

5 ● Bitte! Wie komme ich zur Nikolaikirche?
   ○ Hmm … mal nachdenken … ja, Sie nehmen die dritte Straße links – da ist eine Ampel – und Sie gehen immer geradeaus etwa 200 Meter. Die Kirche ist auf der linken Seite.
   ● Vielen Dank.

6 ○ Wie komme ich zu den Fachwerkhäusern in der Altstadt?
   ● Oh ja. Sie liegen gegenüber dem Museum. Das ist nicht weit, gleich hier um die Ecke. Sie nehmen die zweite Straße links und die erste Straße rechts. Das Museum ist auf der rechten Seite, und die Fachwerkhäuser sind auf der linken.

> 1 E; 2 C; 3 F; 4 A; 5 D; 6 B

9 Ich bin am Rathaus `page 80` 👥

Individual or pairwork to practise and consolidate language introduced in the previous activity.

◆ Students develop conversations based around the example in the Study Book.
❖ Once students have worked out how to give the necessary directions, this could be developed into a pairwork task.
❖ Students could select destinations themselves.
❖ One student could give directions without naming the destination. Others then follow the route and identify the destination.
❖ You could also do a *richtig oder falsch?* activity, giving directions to named destinations, some of which are wrong. Students then correct the false information.

10 Wo ist das? `page 81`

A street plan to introduce more prepositions with the dative case.

◆ The map on p. 79 of the Study Book could be used for further practice.
❖ Students could describe their local shops in a similar way, either orally or in writing.
❖ Students might like to produce a puzzle similar to that in activity 3, p. 83. The places on a sketch plan are lettered but not named, and clues are given (e.g. *der Supermarkt ist neben der Bäckerei*). Puzzles can be passed around for others to work out.

> 1 Der Supermarkt ist gegenüber der Drogerie / neben der Bäckerei / unter dem Fitness-Center.
> 2 Das Fitness-Center ist über dem Supermarkt.
> 3 Die Bank ist neben der Bäckerei / gegenüber der Post.
> 4 Das Blumengeschäft ist zwischen der Post und der Drogerie / gegenüber der Bäckerei.
> 5 Die Post ist neben dem Blumengeschäft / gegenüber der Bank.
> 6 Die Drogerie ist gegenüber dem Supermarkt / neben dem Blumengeschäft.

Das Stadtspiel `CM 8.1 and 8.2`

This game for 2–5 players can be played very quickly and provides a useful way of revising all the language learnt so far at various levels.

◆ You will need a die and counters, and should stick the two halves of the board together, preferably on card. Each square on the board represents a place in town. All players start on the *Parkplatz*. The first player shakes the die and moves the required number of squares. When the player lands on a square, they have to:

◆ **Game 1** (simplest) say the name of something one can do/buy/see there. If students have not yet learned about the place they land on, they should spell out the name of the place in German.
◆ **Game 2** (still quite straightforward) ask or answer a question to do with the square on which they have landed. If players land on a place they have not learned about, they could ask the way to somewhere else.
◆ **Game 3** (more demanding) have a full conversation related to the square they land on (e.g. buying something, asking what there is to see, etc.).
◆ **Game 4** (the most challenging and the most fun) 'buy' all the items on a list. Prior to the game, each player writes a list of four items that they have learned about and passes this list to another player. Players buy items by landing on the squares representing shops and making up an appropriate conversation with one of the other players. If a player lands on a square where they cannot buy anything they need, they should either ask somebody a question to do with that place, or ask how to get to somewhere else. If a player lands on the same square as somebody else, they should make polite conversation with each other!
◆ If you feel that your group will not be demotivated by scoring, points can be scored as follows (2 = fully correct; 1 = mostly correct; 0 = wrong, or incomprehensible!). Students can be encouraged to spot incorrect answers, and extra points can be scored for particularly good responses. The winner is the player with the highest score after a given number of turns or a given time.

11 Geöffnet oder geschlossen? `page 81`

A reading comprehension to introduce and practise opening times and admission prices.

❖ Encourage students to ask each other similar questions based on the realia.

> 1 yes; 2 1 p.m. to 2.30 p.m. for lunch, then closes at 6 p.m.; 3 10 a.m. to 5 p.m.; 4 until tomorrow - the bank is closed on Wednesday afternoons; 5 öS 30,- ; 6 DM 35,- ; 7 6 p.m.; 8 it is closed all day

12 Auf der Bank `page 82` 🎧 / 👥

A recorded example introduces the topic of changing money in a bank, and is followed by active practice.

◆ Could be done as pairwork or using the recorded gap-fill dialogues.

Sie sind auf der Bank und wollen Pfund in deutsche Mark, österreichische Schilling und schweize Franken wechseln. Hören Sie zuerst dem Beispiel zu.

Beispiel
● Guten Tag. Ich möchte Reiseschecks zu £100 in Mark wechseln. Wie ist der Kurs bitte?
○ Heute steht der Kurs bei zwei Mark siebzig.
● So, gut. Hier sind meine Reiseschecks.
○ Haben Sie Ihren Pass dabei bitte?
● Ja. Bitte.
○ Danke. Könnten Sie die Schecks bitte unterschreiben?
● Ja, gerne.
○ So. Da sind sie. Zwei Schecks zu £50. Sie bekommen insgesamt DM 270. Nehmen Sie diesen Zettel bitte mit zur Kasse.
● Danke. Auf Wiedersehen.

(An der Kasse)
▲ Guten Tag.
● Guten Tag. Ich möchte DM 270 bitte. Hier ist das Zettel.
▲ Danke … wie möchten Sie Ihr Geld?
● Zwanzig Mark in Münzen und den Rest in Scheinen.
▲ So … das sind 50, 100, 200, 250 Mark in Scheinen … und 5, 10, 15, 20 Mark in Münzen. Insgesamt DM 270. Bitte.
● Danke. Auf Wiedersehen.
▲ Auf Wiedersehen.

Jetzt sind Sie dran! Hören Sie zu und sprechen Sie in den Pausen.

1 • Guten Tag.
  ○ *<pause>*
  • Heute steht der Kurs bei zwei Mark 70.
  ○ *<pause>*
  • Haben Sie Ihren Pass dabei bitte?
  ○ *<pause>*
  • Danke. Könnten Sie die Schecks bitte unterschreiben?
  ○ *<pause>*
  • Sie bekommen insgesamt 1 080 Mark. Nehmen Sie diesen Zettel bitte mit zur Kasse.
  ○ *<pause>*
  (An der Kasse)
  • Wie möchten Sie Ihr Geld?
  ○ *<pause>*
  • So ... hier ist das Geld. Auf Wiedersehen.
  ○ *<pause>*

2 • Guten Tag.
  ○ *<pause>*
  • Heute steht der Kurs bei 19 Schilling.
  ○ *<pause>*
  • Haben Sie Ihren Pass dabei bitte?
  ○ *<pause>*
  • Danke. Könnten Sie die Schecks bitte unterschreiben?
  ○ *<pause>*
  • Sie bekommen insgesamt öS 2 850 Schilling. Nehmen Sie diesen Zettel bitte mit zur Kasse.
  ○ *<pause>*
  (An der Kasse)
  • Guten Tag.
  ○ *<pause>*
  • Wie möchten Sie Ihr Geld?
  ○ *<pause>*
  • So ... hier ist das Geld. Auf Wiedersehen.
  ○ *<pause>*

3 • Guten Tag.
  ○ *<pause>*
  • Heute steht der Kurs bei zwei Franken zehn.
  ○ *<pause>*
  • Haben Sie Ihren Pass dabei bitte?
  ○ *<pause>*
  • Danke. Könnten Sie den Zettel bitte unterschreiben?
  ○ *<pause>*
  • Sie bekommen insgesamt sFr 210. Nehmen Sie diesen Zettel bitte zur Kasse.
  ○ *<pause>*
  • Guten Tag.
  (An der Kasse)
  • Guten Tag.
  ○ *<pause>*
  • Wie möchten Sie Ihr Geld?
  ○ *<pause>*
  • So ... hier ist das Geld. Auf Wiedersehen.
  ○ *<pause>*

Andis Handy CM 8.3

A recording-based activity to provide practice of directions and prepositions.

◆ Students have to listen to the recording and write down the place names in the correct position on the map.

◆ Work out the quickest route Andi could have taken and give the appropriate directions.

• Wedding.
○ Hallo, Herr Wedding. Hier ist Andi. Ich habe diese sechs Päckchen zu liefern, aber ich habe mich verirrt! Ich suche die Firma Ehring.
• OK. Wo sind Sie jetzt?
○ In der Josefgasse. Vor der Fleischerei.
• Und Sie suchen die Firma Ehring, ja?
○ Richtig.
• Das ist eine Buchhandlung in der Hauptstraße. Sie sind vor der Fleischerei. Sehen Sie das Kaufhaus vor Ihnen?
○ Ja, das Kaufhaus ist vor mir.
• Gut. Dann gehen Sie nach rechts bis zur Hauptstraße, dann noch mal rechts, und die Buchhandlung ist dann gleich um die Ecke zwischen dem Restaurant und dem Obst- und Gemüsegeschäft.
○ OK. Danke. Ich glaube, ich hab's verstanden. Auf Wiederhören.
...
• Wedding.
○ Hallo, Herr Wedding. Hier ist Andi. Es tut mir leid. Ich finde das Theater nicht. Ich habe ein Päckchen für Herrn Büttig.
• Ach nein! Wo sind Sie?
○ In der Schlossallee.
• Was?! Das Theater ist auf dem Marienweg gegenüber der Kirche und der Bank.
○ Und wo ist der Marienweg?
• Sie biegen in die Josefgasse ein – die kennen Sie schon – und dann an der Kreuzung gehen Sie geradeaus. Das Theater ist auf der linken Seite.
○ OK. Danke.
• Nichts zu danken!
...
○ Herr Wedding. Ich habe die Café-Konditorei gefunden!
• Wunderbar!
○ Das war ganz einfach. Vom Theater gehe ich nach rechts in die Bahnhofstraße und die Café-Konditorei ist auf der linken Seite neben dem Verkehrsamt. Frau Friedrichs ist sehr nett ...
• Prima. Also, machen Sie schnell ...
○ Ehm ... ich habe ein kleines Problem. Das Restaurant ‚zum Schloss' finde ich nicht.
• Oh nein! Also, von der Café-Konditorei gehen Sie geradeaus, Sie nehmen die dritte Straße links – das ist der Adenauerweg. An der nächsten Kreuzung gehen Sie geradeaus, und das Restaurant ist auf der rechten Seite, an der Ecke Konradstraße und Schlossallee. Es ist sehr groß.
○ Ach so! Ich war schon drin, ich habe einen Kaffee getrunken.
• Was?! Sie haben keine Zeit zum Kaffeetrinken! Sie müssen sich beeilen!
○ Ja ja. Auf Wiederhören!
...
• Wedding.
○ Bitte, Herr Wedding, wo ist ...
• Was??!! Schon wieder verlaufen? Das geht nicht!
○ Es tut mir leid ...
• Ach, was! Was suchen Sie jetzt?
○ Frau Dorns Blumengeschäft ... und Frau Ahrens im Rathaus.
• Wo stehen Sie denn jetzt?
○ In der Schlossallee, neben der Fleischerei. Ich stehe vor einem Zeitungsgeschäft.
• Du liebe Zeit! Das ist doch nicht zu glauben! Sind Sie vielleicht blind geworden? Das Blumengeschäft ist neben dem Zeitungsgeschäft.
○ Ach richtig! Danke, Herr Wedding. Sie sind wirklich der Beste! Und das Rathaus?
• Sie waren eben in der Nähe. Es ist hinter der Marienkirche und der Bank, auf dem Columbusweg. Sie biegen noch einmal nach rechts in die Josefgasse ein. Die nächste Straße rechts ist die Hauptstraße und dann nehmen Sie die erste Straße links, den Columbusweg. Und hoffentlich sehen Sie dort das Rathaus! Verstehen Sie das?
○ Ja, Herr Wedding.
• Und kommen Sie dann sofort wieder ins Büro!
○ Aber Herr Wedding, es ist doch dann Mittagspause ...
• Grrrrrr ...!!!

A Café-Konditorei; C Rathaus; E Theater; F Buchhandlung;
G Blumengeschäft; J Restaurant ‚zum Schloss'; D Bank;
H Zeitungsgeschäft

Und so weiter ...: Transcripts + Solutions `page 83`

1

> Kommen Sie nach Dudelstadt. Es gibt sehr viel zu sehen und zu tun. Wir haben den Dom in der Stadtmitte. Im Park gibt's das Schloss Dudelberg aus dem 17. Jahrhundert und den Zoo – er hat viele Tiere. Die Stadt hat ein Museum (es ist sehr interessant), einen Verkehrsamt und ein Stadion. Das Nachtleben ist sehr gut: Es gibt das Kino und das Restaurant. Dudelstadt ist eine Reise wert!

2 **1** ● Guten Tag. Ich möchte £200 in österreichische Schillinge wechseln.
○ Sind das Reiseschecks?
● Ja. Und hier ist mein Pass.
○ Danke. Unterschreiben Sie bitte hier ... also, das macht insgesamt 3 800 Schillinge.

2 ● Guten Tag. Ich möchte £300 in schweizerische Franken wechseln. Wie ist der Kurs?
○ Der Kurs steht heute bei 2,10 Franken.
● Gut. So, hier sind die Reiseschecks und mein Pass.
○ Danke. Unterschreiben Sie bitte hier ... das macht 630 Franken. Bitte.
● Danke. Auf Wiedersehen.

3 ● Guten Tag. Ich möchte £500 in Deutsche Mark wechseln.
○ In Ordnung. Der Kurs steht auf 2,70 Mark. Das ist ein Euroscheck, ja?
● Ja. Und hier sind meine Bankkarte und mein Pass.
○ Danke. Unterschreiben Sie bitte da, mit Ort und Datum ... so, und Sie bekommen 1 350 Mark.
● Danke. Auf Wiedersehen.

4 ● Guten Tag. Ich möchte £400 wechseln.
○ In Deutsche Mark?
● Ach so, ja. Das sind Reiseschecks, vier Schecks zu £100.
○ Gut. Unterschreiben Sie die Schecks bitte hier ... und Ihren Pass bitte? Also, £400 zu 2,70 Mark ... das macht 1 080 Mark ... Nehmen Sie diesen Zettel bitte mit an die Kasse.
● Danke. Auf Wiedersehen.

> 1 a f; 2 b k; 3 c e; 4 d g

3
> a dem; b dem; c dem; d dem; e dem/der; f dem; g dem/dem; h dem

4 – Was für Informationen gibt es in einem Verkehrsamt?
– Was gibt es in Berlin zu sehen?
– Was gibt es in Ihrer Stadt zu sehen?
– Was kann man abends unternehmen?
– Sie sind zu Hause. Wie kommen Sie zum nächsten Briefkasten?
– Wo sind die Geschäfte in Ihrer Gegend?
– Sehen Sie sich den Plan auf Seite 83 an. Beschreiben Sie den Weg zum Bahnhof.
– Und zum Restaurant?
– Und wie kommen Sie zum Kino?

Zum Üben: Solutions `page 85`

1 a Ich möchte **eine** Broschüre über Hotels.
b Haben Sie **einen** Stadtplan?
c Wir haben **ein/das** Kino und **ein/das** Theater.
d Für Kinder gibt es **einen/den** Tierpark und **einen/den** Spielplatz.
e Ich habe **einen** Stadtführer für 20 Mark.
f Unterschreiben Sie bitte **die** Reiseschecks.
g Sie nehmen **die** erste Straße rechts.
h Beschreiben Sie **eine** Stadt in Deutschland.

2 a **Der** Parkplatz ist hinter **dem** Restaurant.
b **Die** Kunstgalerie ist neben **dem** Restaurant.
c **Das** Restaurant ist zwischen **dem** Verkehrsamt und **der** Kunstgalerie.
d **Das** Restaurant ist vor **dem** Parkplatz.
e **Das** Restaurant und **das** Verkehrsamt sind gegenüber **dem** Park.

3 a Von neun Uhr bis elf Uhr.
b Von sieben Uhr bis acht Uhr.
c Von zwei Uhr bis fünf Uhr.
d Von sechs Uhr bis zehn Uhr.

4 a An der zweiten Kreuzung gehen Sie nach rechts. / Gehen Sie an der zweiten Kreuzung nach rechts.
b Wie komme ich bitte zur Kunstgalerie?
c Haben Sie eine Broschüre über Restaurants?
d Haben Sie Ihren Pass dabei?
e Heute steht der Kurs bei neunzehn Schillinge. / Der Kurs steht heute bei neunzehn Schillinge.

5 e, c, f, i, b, g, d, a, h

Vokabeltest: Solution

Wie heißt das auf Deutsch?

die Stadt; der Fahrplan; das Verkehrsamt; es gibt; das Rathaus; das Schloss; der Dom; der Zoo; die Brücke; geradeaus; links an der Ampel; Geld wechseln; einen Reisecheck wechseln

... und auf Englisch?

information; souvenir; places of interest; city tours; half-timbered houses; public transport; exchange rate; bureau de change; art gallery; monument; to visit; to experience; brochure

1 Zum Hören page 86 🎧

1 Ja, in meiner Stadt da gibt es eigentlich nicht besonders viel zu tun oder zu sehen, aber … naja … wenn man … wenn man ein bisschen überlegt, dann gibt es doch ein paar Sachen. Also schöne Häuser haben wir … Fachwerkhäuser … wir haben sogar ein ganz kleines Schloss – ein Schlösschen. Das liegt neben dem Tierpark. Richtig! Ein Tierpark haben wir auch noch! Hmmm … dann gibt's die Universität, die liegt hinter der Brücke. Kann man ganz leicht finden. Da studiere ich. Hmm … tja, die Männer, die rennen immer ins Stadion. Das finden sie ganz toll. So ein modernes Gebäude. Über dem Gebäude haben Sie so Lichte … so komische Lichte installiert. Naja, ich finde's hässlich aber die meisten Männer finden es richtig toll. Ich gehe lieber ins Opernhaus, aber da muss man ein bisschen weiter fahren. Die spielen immer so schöne Musik … kann ich immer so schön heulen! Tja, was gibt's noch? Ein See, das kleine Heimatmuseum, wenn das interessiert. Naja, und die meisten Leute gehen dann Sonntags, natürlich, in die Kirche. Da haben wir zwei, wir haben eine Kirche, eine ganz normale, evangelische Kirche, und den Dom, den schönen großen Dom. Die liegen beide gegenüber, hinter dem Wald.

2 Ich komme eigentlich aus einer kleinen Stadt, aber ich bin dann später, als ich erwachsen war, in einer großen Stadt gezogen, und in dieser großen Stadt gibt es sehr viel zu sehen. Dort haben wir Schlösser, sehr schöne Gebäude, und wir haben besonders einen sehr großen Hafen. Dieser Hafen befindet sich am Rand der Stadt. Und um den Hafen herum sind sehr viele schöne alte Fachwerkhäuser, die dort noch von früher herstehen. Wir haben auch Parks, und ein sehr schönes Rathaus. Ich möchte auch das Opernhaus erwähnen. Das Opernhaus ist ein besonders altes Gebäude, das sehr gern von Touristen besucht wird. Wir haben auch große Wälder in unserer Stadt. Dort kann man am Wochenende spazieren gehen, die schöne Luft genießen, und das Vogelgeschwitsche hören. Aber auch jemand, der sich für Kunst und Malerei interessiert, findet in unserer Stadt immer eine Möglichkeit und etwas, das er sich ansehen kann. Wir haben einen großen Marktplatz, und an diesem Marktplatz liegt die große Galerie. Sie ist sehr berühmt. Viele Zeitungen haben über sie berichtet. Auch Museen gibt es, ganz verschiedener Natur. Das egyptische Museum, das Naturkundemuseum.

3 Ja, ich lebe in einer sehr schönen Stadt, umgeben von sehr viel Wald und Grün. Es gibt viele Sehenswürdigkeiten. Die alte Stadt und die neue Stadt sind durch eine Brücke verbunden. Und im Sommer kann man wunderbar im Park spazieren gehen, oder im See baden … der lebt viele Touristen ein. Es gibt bei uns eine Universität, dadurch ist abends ein sehr buntes und vielfältiges Leben auf den Straßen, und jung und alt können ihren Hobbys und ihren Wünschen nachgehen. Ob nun in Restaurants, da gibt es sehr viele, ob im Opernhaus … Dann gibt es viele Fachwerkhäuser und schöne neue Gebäude… einen großen Turm kann man sich anschauen … und ja, besonders das Schloss ist sehr schön, und da gibt es eine Kunstgalerie. Die ist eine sehr große Attraktion.

	🏰	🏛	🖼	🦕	🚢	🏠	◯	⛪	🏛	🎓
1	✔			✔		✔	✔	✔	✔	✔
2	✔	✔	✔	✔	✔	✔			✔	✔
3	✔		✔			✔			✔	✔

2 Zum Lesen page 86

1 falsch; 2 richtig; 3 richtig; 4 falsch; 5 falsch; 6 richtig; 7 falsch; 8 falsch; 9 richtig; 10 richtig

3 Zum Sprechen page 87 🎧

1 Ich möchte zweimal Bratwurst mit Pommes frites, bitte.
2 Ich möchte eine Frikadelle, bitte.
3 Ich möchte einen Hamburger, bitte.
4 Ich möchte ein Schaschlik, bitte.
5 Ich möchte eine Bockwurst mit Currysoße, bitte.
6 Ich möchte drei Bier, bitte.
7 Ich möchte eine Limonade, bitte.
8 Ich möchte eine Tasse Tee, bitte.
9 Ich möchte zwei Glas Apfelsaft, bitte.

4 Zum Schreiben page 87

ein Kilo Kartoffeln
ein Pfund Zwiebeln
ein Pfund Bananen
eine Packung Kekse
ein Liter Milch
eine Flasche Wein
eine Dose Tomaten
ein Becher Margarine
250 Gramm Käse
200 Gramm Wurst
vier Briefmarken zu einer Mark

5 Zum Üben page 87

Nun, zum Campingplatz … ja, Sie müssen hier an der **Ampel** rechts fahren, dann immer **geradeaus** bis zum Ende der Straße. Da müssen Sie nach **links** in die Hauptstraße einbiegen. Sie fahren die Hauptstraße entlang, etwa **500** Meter, dann nehmen Sie die linke Straße gegenüber dem **Park**. Dann fahren Sie nach rechts. Sie nehmen dann die **zweite** Straße rechts, und den **Campingplatz** finden Sie da am Ende, direkt neben dem **Freibad**.

Topics		Activities
◆	Telling the time	1–3, 5, 14
◆	Daily routine	2, 4–6, 14
◆	Hobbies and interests	9, 14
◆	Television	12–14

Language		Activities	*Zum Lernen*
◆	Time	1–6	notes 1
◆	Word order	2, 4, 9	notes 2
◆	Separable verbs	2, 4–5	notes 3
◆	Reflexive verbs	2, 4–5	notes 4
◆	*gern / lieber / am liebsten*	8–10	notes 5

1 Wann? `page 88`

A diagram to summarise telling the time.

- ◆ Refer students to the Language box on p. 89 for further explanations.
- ◆ You may need to revise numbers up to 60 before embarking on this topic.
- ◆ Use a teaching clock to reinforce and practise times, or draw a clockface on the board/OHP.
- ❖ As a fun activity, you could give the time and day at which a common TV programme begins, for students to guess: *Wochentags um 9 Uhr abends im Ersten Programm. – Was läuft?* (Answer: the BBC news).
- ❖ Conduct a Pelmanism game by writing sets of times in words and their equivalent in figures on cards for students to match. Make sure the two types of card are identifiable from the back, so students know to turn over one of each when it is their turn.
- ❖ Say a time, and ask students what the time will be in ten minutes (or half an hour, or whatever). This could be done as a team quiz.
- ❖ Show an acetate of a world map with time zones indicated, say what the time is in a major city, and ask what the time would be in a city in a different part of the world.

2 Ein Tag in meinem Leben `page 88`

This recording revises times and introduces a number of new verbs, as well as *gegen* and *um*. First appearance of separable and reflexive verbs.

- ◆ You may wish to pre-teach the new vocabulary using flashcards with pictures representing the verbs: *Ich stehe auf; Ich dusche; Ich frühstücke* etc.

Was ich an einem normalen Tag mache? Also, ich stehe gegen sechs Uhr auf. Dann gehe ich ins Badezimmer und dusche. Ich mache das eigentlich jeden Tag – danach bin ich ganz schön wach. Um zwanzig nach sechs ziehe ich mich an. Ich rasiere mich normalerweise (aber am Wochenende nicht immer!).

Dann ist es schon halb sieben. Ich gehe in die Küche und frühstücke mit der Familie, normalerweise Muesli, vielleicht eine Scheibe Brot oder ein Brötchen und zwei Tassen Kaffee.

Ich muss als Erster los – ich gehe um fünf nach sieben aus dem Haus und mein Bus kommt um Viertel nach sieben.

Ich komme dann um Viertel vor acht im Büro an. Das ist in der Stadtmitte. Zu Mittag esse ich in der Stadt, vielleicht eine kleine Pizza oder Gulasch oder etwas Ähnliches. Die Mittagspause ist von halb eins bis halb zwei und ich habe keine Zeit, wieder nach Hause zu fahren.

Tja, und dann bin ich um vier Uhr mit der Arbeit fertig. Zweimal in der Woche gehe ich dann mit Freunden zum Sportzentrum – montags spielen wir Basketball und donnerstags ist Fußball, jeweils eine Stunde von halb fünf bis halb sechs. So … da bin ich gegen sieben Uhr wieder zu Hause und wir essen sofort. Nach dem Abendessen sehe ich ein bisschen fern – um acht Uhr die Tagesschau und dann vielleicht einen Film. Ich lese auch gern Romane oder die Zeitung.

Schließlich gehe ich gegen elf Uhr ins Bett. Und am nächsten Tag fängt's wieder genauso an!

3 Um wie viel Uhr? `page 88`

More active revision of times in a matching activity based on the previous recording.

> 1 E; 2 H; 3 D; 4 A; 5 L; 6 B; 7 J; 8 G; 9 C; 10 F; 11 I; 12 K

4 Christas Alltag `page 89`

This recording further develops language relating to daily routines and activities. Introduces general expressions of time, plus further use of reflexive and separable verbs.

- ◆ Point out some of the differences in a typical daily routine, especially with regard to school and work times.

Ich bin Lehrerin auf einer Grundschule. Ich hab's ziemlich gut, denn montags und mittwochs habe ich die erste Stunde frei. Das heißt, ich fange erst um Viertel vor neun an. Und ich bin jeden Tag um ein Uhr fertig (außer wenn wir eine Konferenz oder so 'was haben).

Ich stehe also morgens gegen halb sieben auf und frühstücke mit der Familie. Ich fahre mit dem Auto zur Schule, etwa 10 Minuten. Wie gesagt, verlasse ich die Schule gegen Viertel nach eins und ich esse um halb zwei mit meinen zwei Kindern – wir essen gern eine Suppe und Nudeln oder Omelett und so weiter. Die Kinder machen dann nachmittags Hausaufgaben oder gehen mit Freunden in die Stadt, und ich … ich arbeite … ich tue 'was für die Schule und höre dabei ein bisschen Musik … oder ich gehe einkaufen. Das mache ich eigentlich nicht so gerne, aber es muss sein! Freitags hole ich Rainer um vier Uhr von der Arbeit ab und wir gehen zusammen zum Supermarkt, was schon besser ist – aber es ist trotzdem langweilig.

Wir essen abends um sieben alle zusammen – das Abendbrot besteht normalerweise aus Brot, Wurst, Käse, Tomaten, Joghurt oder Quark, und zu trinken: Früchtetee oder Sprudel. Die Kinder räumen den Tisch und waschen manchmal ab. Sie hören dann Musik, sehen fern oder reden mit Freunden (meistens am Telefon!). Jeden Mittwochabend um acht Uhr gehe ich zu einer Aerobicstunde. Ich tanze sehr gern, es macht Spaß und ich bleibe fit. Danach gehen wir in die Kneipe, was eigentlich nicht so gesund ist, aber das macht auch Spaß! Und schließlich gehe ich zwischen halb elf und elf ins Bett. So, das ist mein Alltag.

> L, F, E, M, D, A, N, C, K, G, J, T, R, B, Q, O, P, I, S, H

5 Wann macht die Familie was? `page 89`

This exercise is based on the previous recording and practises recognition of times and new vocabulary.

- ❖ Could be extended into pairwork discussion of routine activities.

> **L** morgens gegen 6.30 Uhr; **F** morgens; **E** morgens; **M** um 1.15 Uhr;
> **D** um halb eins; **A** dann/nachmittags; **N** nachmittags; **C** nachmittags;
> **K** nachmittags; **G** nachmittags; **J** freitags um 4 Uhr; **T** freitags um 4 Uhr;
> **R** abends um 7 Uhr; **B** manchmal; **Q** dann/abends/manchmal;
> **O** dann/abends; **P** abends; **I** jeden Mittwochabend um 8 Uhr; **S** danach;
> **H** zwischen 10.30 Uhr und 11.00 Uhr

Dominospiel: Alltag `CM 9.1`

A game to practise times and daily routine vocabulary.

- ◆ Students play in twos or threes and match the times to the activities, saying the full sentence as they put their domino down: *Es ist 6 Uhr. Ich stehe auf.*
- ◆ Some students may be able to produce sentences with more complicated word order: *Ich stehe um 6 Uhr auf. / Um 6 Uhr stehe ich auf.*

◆ The suggested sequence is as follows, but other sequences are possible:

06:00	Ich stehe auf.
06:10	Ich dusche.
06:30	Ich ziehe mich an.
06:50	Ich frühstücke.
07:15	Ich gehe aus dem Haus.
07:20	Ich fahre zur Arbeit.
08:00	Die Arbeit beginnt.
12:40	Ich esse zu Mittag.
16:00	Ich verlasse die Arbeit.
16:10	Ich gehe zum Sportzentrum.
17:25	Ich gehe einkaufen.
19:00	Ich esse zu Abend.
19:45	Ich wasche ab.
20:00	Ich sehe fern.
21:15	Ich lese.
22:30	Ich gehe ins Bett.

6 Und Sie? page 89

Consolidates language learned so far with partner work to describe personal routines.

◆ Students could follow the example in the Study Book as a model.
◆ Encourage students to experiment with word order, sometimes putting the times first.
❖ Set a written homework activity in which students write a brief account of a typical day.

7 Donauinsel page 90

Reading comprehension to build leisure vocabulary.

❖ You could also ask some straightforward comprehension questions in German.
❖ For detailed comprehension, give the English for some of the phrases in the text, for which students should then find the German.

---

1 By public transport (bus, underground); 2 Every 30 mins; 3 Emergency services and deliveries; 4 On hot summer weekends; 5 5 p.m. – 9 a.m. (summer: 6 p.m.–10 a.m.); 6 FKK (= Freikörperkultur); 7 Everywhere; 8 No. You can hire them; 9 Any 3 of: windsurfing, sailing, boating, rowing, fishing, swimming; 10 Any 4 of: football, basketball, volleyball, handball, skateboarding, BMX, cycle racing. They are free; 11 Tanzen unter freiem Himmel; 12 Grillplatz (Grillplätze).

---

8 Interviews über Freizeit page 91

A recording-based activity to introduce *gern* and *nicht gern*, plus new hobbies vocabulary.

◆ You may wish to use CM 9.2 at this point to introduce hobbies vocabulary.
◆ Prior to playing the recording, you may wish to practise new vocabulary and *gern / nicht gern* with some simple questions and answers : *Stricken Sie gern? – Ja, ich stricke gern. / Nein, ich stricke nicht gern, etc.*
◆ Students can listen again, trying to identify what else the speakers say about what they don't like doing, and why. Some examples are given on p. 91 of the Study Book.
❖ Students can ask each other questions, giving reasons for their likes and dislikes.

1 • In meiner Freizeit? Ja, ich lese gern … meistens Romane und Krimis … und ich sehe gern fern. Und ich gehe ziemlich oft mit Freundinnen in die Disco – ich tanze nämlich so gern!

2 • Was machen Sie gern in Ihrer Freizeit?
  ○ Ich treibe Sport. Ich spiele gern Fußball. Ich bin im Verein – wir spielen jeden Samstag und trainieren zweimal in der Woche, dienstags und donnerstags.

3 • Und Sie, was machen Sie gern in Ihrer Freizeit?
  ○ Ich bin Sammlerin – ich sammle gern Münzen und Briefmarken. Am Wochenende gehe ich oft auf Flohmärkte und suche etwas Neues für meine Sammlung.

4 • Was machen Sie gern in Ihrer Freizeit?
  ○ Ich fahre gern Rad. Ich habe ein Mountainbike und ich mache oft Fahrradtouren mit meinem Freund, durch den Wald oder im Gebirge. Das ist anstrengend, aber es macht Spaß. Es ist besser als zu Hause bleiben – ich sehe nicht gern fern.

5 • Ich? Also, lachen Sie bitte nicht! Ich stricke gern.
  ○ Sie stricken?
  • Ja, ehrlich. Ich habe das als Junge gelernt und ich finde es sehr erholsam. Diesen Pulli habe ich selber gemacht. Ja, ich stricke sehr gern.

6 • Ich wandere gern … in den Bergen, auf dem Land, durch den Wald … und ich fotografiere auch sehr gern. Ich habe meinen Apparat immer dabei. Ich bleibe nicht gern zu Hause – das ist langweilig.

7 • In meiner Freizeit? Tja, eigentlich habe ich nicht viel Freizeit, aber ich gehe gern ins Kino und ins Theater. Und im Winter laufe ich sehr gern Ski.

8 • Wir segeln gern. Wir wohnen direkt an einem See und haben ein kleines Boot. Das macht viel Spaß.
  ○ Ja, und nach dem Segeln gehen wir oft mit Freunden ins Restaurant – wir essen gern auswärts und wir trinken gern ein Glas Wein. Sonst sehen wir gern fern und arbeiten gern im Garten.

9 • Ich bin kein sportlicher Mensch, aber ich sehe mir gern Fußballspiele – hier im Stadion oder im Fernsehen. Und ich sammle sehr gern Postkarten – meine Freunde schicken sie mir aus aller Welt. Das ist sehr interessant. Ja … und Schach … ich spiele gern Schach.

10 • Ich spiele leidenschaftlich gern Golf. Ich spiele manchmal dreimal in der Woche.
  ○ Und ich spiele nicht gern Golf! Aber ich treibe doch gern Sport. Ich mache Aerobic. Das ist viel besser. Und Reiten … im Sommer reite ich sehr gern. Aber das macht er nicht gern.
  • OK, aber manchmal sind wir zusammen – abends hören wir gern Musik. Manchmal gehen wir in Konzerte.

---

1 K, R, E, X; 2 T; 3 N, O; 4 C; 5 W; 6 Z, D; 7 G, H, J; 8 Q, B, Y, R, A; 9 S, P, V; 10 U, L, M, I, F

Hobbys CM 9.2

A set of 24 cards depicting various hobbies.

◆ These can be enlarged as flashcards to help present vocabulary, or can be used to practise language in a game of Pelmanism, as a stimulus for questions or role play, or for bingo. You may wish to use these earlier in the teaching sequence (see activity 8).

9 Und Sie? page 91

Partner work to encourage active use of *gern / nicht gern* and hobbies vocabulary.

◆ Inversion of subject and verb can be practised by putting the time phrase first.
❖ Encourage students to ask each other <u>why</u> they enjoy certain activities. The flow chart on p. 94 of the Study Book can be used as a point of reference for dialogues.
❖ The hobbies cards (see CM 9.2) could be used here – hold one up and ask either: *Was machen Sie gern?* or *Was machen Sie nicht gern? Warum?*

10 Was machen wir denn heute Abend? page 92 ⌒◯≾ + 👥

A recording and cartoon to introduce *lieber* and *am liebsten*.

◆ The second element of this activity could be done as pairwork. Encourage students to include a wide range of the language they have learned so far, including hobbies, food and drink, etc. Refer them also to the flow chart on p. 94 of the Study Book.

○ Was machen wir denn heute Abend? Gehen wir ins Kino?
■ Hmm ... ich sehe gern Filme, aber ich bleibe lieber zu Hause ... und am liebsten alleine mit dir!
○ Wir leihen uns also ein Video aus. Ich sehe gern Actionfilme. Und du?
■ Actionfilme sehe ich nicht gern. Ich sehe lieber romantische Filme.
○ Hmm ... ja ... also, ich hole auch ein paar Flaschen Bier ...
■ Aber nein, ich trinke lieber Wein – oder am liebsten trinke ich Champagner. Ja, hol mal ein paar Flaschen Champagner.
○ Ich glaube, ich gehe lieber alleine aus!

11 Charakter-Quiz page 92

A lighthearted quiz to practise the main structures and vocabulary covered in this chapter.

◆ The *Auswertung* is not to be taken seriously!

Umfrage CM 9.3

Practises the use of *gern / lieber / am liebsten* in relation to hobbies and leisure.

◆ Students carry out a survey on hobbies and leisure, questioning others in the class and completing a table.
◆ The pastimes are given in the infinitive and students might need support in using the first person.
◆ Language support is provided for the questions to be asked.

12 Aus dem Fernsehmagazin page 93

A realia-based reading comprehension introduces vocabulary relating to television programmes.

◆ Point out the use of the 24-hour clock and practise a few times if appropriate.
❖ The usual German or English comprehension and retranslation questions could be used here.

13 Was sehen wir heute Abend? page 93 ⌒◯≾ + 👥

Pairwork to practise television vocabulary and develop language necessary for discussion / expression of opinions.

❖ Once students have developed their own ideas, this could be done as a pairwork task.
❖ To make the discussion more lively, you could limit their choice to certain times or you could give each person a particular like or dislike. Refer students once again to the flow chart on p. 94 of the Study Book.
❖ After the pairwork, students can answer recorded questions about the TV listings.

– Sehen Sie gern Komödien?
– Sehen Sie gern Sportsendungen?
– Was sehen Sie lieber – Actionfilme oder Krimis?
– Was für eine Sendung ist ‚Der Alte‘ im ZDF?
– Was für eine Sendung ist ‚Glücksrad‘ im SAT 1?
– Um wie viel Uhr beginnt die Tagesschau?
– Was möchten Sie heute Abend sehen?

14 Alltag und Freizeit. Was sagt man alles? page 94

A table to summarise the main language and structures of the chapter.

◆ This can be used in a number of ways: as the basis for extended pairwork dialogues; as an aid to revision; as a prompt for individual presentations.

Und so weiter ...: Transcripts + Solutions page 95 ⌒◯≾

1

a	beer garden of the inn ‚Am Museumshof‘ in Rahden-Kleinendorf; 8.30 p.m., Saturday 3rd July
b	Sunday 3.30 p.m.
c	11 a.m.
d	Christian Elsas
e	sports ground in Wöbbel, Friday 2nd July
f	4
g	this is the 13th time
h	Sunday 4th July, 11 a.m.

2 ● Also, Richard, wir haben endlich mal einen Abend frei. Was machen wir?
○ Ich gucke mal in die Fernsehzeitung. Vielleicht gibt's einen guten Film ... Hmm. Um 20.15 Uhr kommt ‚Callgirl nach Schulschluss‘. Das hört sich gut an!
● Ach du! Was gibt's sonst noch? Lass mich gucken. Also, um 19.00 Uhr sind die Nachrichten im zweiten Programm. Das können wir uns zusammen beim Essen ansehen, nicht wahr?
○ Ja, OK.
● Dann kommt die Serie ‚Der Kapitän‘. Das möchte ich sehen – ich habe die anderen Folgen gesehen und es ist ziemlich gut. Willst du das auch sehen?
○ Nein, ich habe die anderen Folgen nicht gesehen. Das hat keinen Zweck. Ich sag dir was: du siehst dir den Film an und ich wasche ab. Dann lese ich die Zeitung und höre ein bischen Musik. Aber nach dem Film kommt ‚Abenteuer‘ über die Atacama-Wüste in Chile. Die Sendung möchte ich sehen. Das ist sowieso besser als der Callgirl-Film bei RTL – den könnte ich vielleicht auf Video aufnehmen.
● Ja, gut. Aber ich habe keine Lust die Atacama-Sendung zu sehen. Ich mache in der Zeit ein bisschen Aerobic.
○ Ach, guck mal. Im Ersten kommt ‚Globus‘ um Viertel vor zehn.
● O ja, das interessiert mich auch – die Themen sind gut heute Abend. Das sehen wir uns dann zusammen an, ja?
○ Ja richtig. Und dann kommt ‚stern TV‘ um zehn nach zehn bei RTL – die Sendung ist fast immer interessant, und es macht nichts wenn wir die ersten zwanzig Minuten verpassen.
● Wann ist die zu Ende? Mitternacht?! Ach nein, du. Ich gehe nach ‚Globus‘ ins Bett. Die Sendung kannst du alleine sehen! Und pass auf, dass du mich nicht weckst, wenn du ins Bett kommst!
○ Ja, OK. Also, los. Wir machen jetzt schnell das Abendessen und setzen uns bequem vor dem Fernseher. Was essen wir eigentlich ?
● Ich denke ... [fade]

a	Gabi sieht ‚Der Kapitän‘. Richard wäscht ab, liest die Zeitung, hört Musik.
b	Richard sieht ‚Abenteuer‘. Gabi macht Aerobic. Er sieht ‚stern TV‘. Gabi geht ins Bett.
c	Sie sehen die Nachrichten um 19.00 Uhr zusammen. Sie sehen ‚Globus‘ um 21.45 Uhr zusammen.

3 – Wie ist Ihr Alltag? (Wann stehen Sie auf? Um wie viel Uhr frühstücken Sie? usw.)
– Was machen Sie in Ihrer Freizeit?
– Welchen Sport treiben Sie?
– Was machen Sie nicht gern?
– Was machen Sie am liebsten?
– Was sehen Sie gern im Fernsehen?
– Was sehen Sie nicht gern?
– Was sehen Sie heute Abend (oder morgen)?

Zum Üben: Solutions `page 97`

1   **a** Fahrradverleih; **b** Wanderwege am See und im Ederbergland;
    c Bootsverleih; **d** Jugenddisco; **e** Tischtennis; **f** Fußballplatz; **g** Café;
    h Kinderspielplätze

2i **a**   Viertel nach sieben / sieben Uhr fünfzehn

    b   fünf vor sechs / fünf Uhr fünfundfünfzig

    c   zwanzig nach drei / drei Uhr zwanzig

    d   Viertel vor neun / acht Uhr fünfundvierzig

    e   halb eins / zwölf Uhr dreißig

    f   zwanzig vor elf / zehn Uhr vierzig

3   **a**   Ich spiele nicht gern Basketball.
             Basketball spiele ich nicht gern.

    b   Ich sehe heute Abend einen Krimi im Fernsehen.
             Heute Abend sehe ich einen Krimi im Fernsehen.

    c   Ich gehe zweimal in der Woche ins Sportzentrum.
             Zweimal in der Woche gehe ich ins Sportzentrum.

    d   Ich stehe normalerweise um halb sieben auf.
             Normalerweise stehe ich um halb sieben auf.

    e   Ich gehe um Viertel vor acht ins Badezimmer und dusche.
             Ich gehe ins Badezimmer und dusche um Viertel vor acht.
             Um Viertel vor acht gehe ich ins Badezimmer und dusche.

    f   Ich wasche mich jeden Abend um zehn Uhr.
             Jeden Abend wasche ich mich um zehn Uhr.
             Jeden Abend um zehn Uhr wasche ich mich.

4   **a**   Ich spiele gern Golf.

    b   Ich lese nicht gern.

    c   Ich sehe lieber fern.

    d   Ich fahre nicht gern Rad.

    e   Am liebsten fotografiere ich.

    f   Ich mache lieber Aerobic.

    g   Ich esse nicht gern auswärts.

    h   Am liebsten spiele ich Schach.

    i   Ich reite gern.

    j   Ich sammle lieber Briefmarken.

5i **a**   Ich stehe auf.

    b   Ich ziehe mich an.

    c   Ich rasiere mich.

    d   Ich komme im Büro an.

    e   Die Arbeit fängt an.

    f   Ich sehe fern.

    g   Wir waschen ab.

5ii **a**   Morgens stehe ich auf.

    b   Danach ziehe ich mich an.

    c   Jeden Tag rasiere ich mich.

    d   Um acht Uhr komme ich im Büro an.

    e   Um halb neun fängt der Arbeit an.

    f   Abends sehe ich fern.

    g   Nach dem Essen waschen wir ab.

Vokabeltest: Solution

Wie heißt das auf Deutsch?

nachmittags; um halb sechs; aufstehen; anfangen; das Büro; tanzen;
Radfahren; Musik hören; die Freizeit; mit Freunden; zusammen;
die Sendung; die Nachrichten; allein

... und auf Englisch?

to get dressed; around; homework; to leave; to watch TV; pub; sometimes;
to collect; to sail; boring; to like doing something; crime series; midday;
daily routine

Topics	Activities
◆ Transport	1–2
◆ Train information	3–4
◆ Buying tickets	5–6
◆ Using the U-Bahn and S-Bahn	7
◆ Airports	8
◆ Hiring a car	9–10
◆ At the garage	11–12
◆ Cycling	13–14

Language	Activities	*Zum Lernen*
◆ Prepositions	1–14	note 1
◆ Separable verbs	4, 9–10	note 2
◆ Questions	3–14	note 3

1   Wie kommen Sie dahin?   `page 98`

Introduces transport vocabulary with a simple listening exercise. Introduces *mit* + dative.

◆ If you wish, you could pre-teach the vocabulary using CM 10.1.

1   • Wie kommen Sie zur Arbeit?
    ○ Normalerweise fahre ich mit dem Rad. Es ist gar nicht so weit. Aber wenn es regnet, fahre ich lieber mit dem Bus.

2   • Und Sie? Wie kommen Sie in die Stadt?
    ○ Ich fahre mit dem Auto. Ich wohne in einem Dorf und es ist viel günstiger mit dem Auto zu fahren.

3   • Sie fahren heute nach Hamburg. Wie kommen Sie dahin?
    ○ Mit dem Flugzeug. Ich fliege so oft wie möglich. Es ist schnell, bequem und gar nicht zu teuer. Wenn ich nicht so weit fahre, dann fahre ich mit dem Auto oder mit der Bahn.

4   • Wie kommen Sie in die Stadt?
    ○ Ich wohne direkt an einer U-Bahnstation, also fahre ich immer mit der U-Bahn. Es ist sehr günstig für mich. Hier in der Gegend fahre ich mit dem Mofa – das ist billig und man hat kein Problem beim Parken.

5   • Ich fahre überall mit dem Motorrad hin. Ich habe eine Harley Davidson. Ob in die Stadt, oder in Urlaub: immer mit dem Motorrad! Das ist so schön!

6   • Ich habe Glück. Ich wohne in Hamburg an der Alster und ich fahre mit der Fähre ins Stadtzentrum. Im Winter friert manchmal die Alster. Also dann fahre ich mit der U-Bahn, oder ich gehe zu Fuß.

7   • Wie ich zur Arbeit fahre? Ja, ich fahre mit dem Rad zum Bahnhof, dann nehme ich die S-Bahn (natürlich nehme ich mein Rad mit). Manchmal, wenn ich spät abends arbeiten muss, nehme ich ein Taxi. Ich fahre gern mit dem Taxi, auch wenn es ziemlich teuer ist.

8   • Ich fahre immer mit öffentlichen Verkehrsmitteln. Normalerweise mit der Straßenbahn oder mit dem Bus. Und für längere Strecken mit dem Zug. Und hier in der Gegend gehe ich natürlich auch zu Fuß.

> 1 I F;   2 G;   3 L G A;   4 B K;   5 J;   6 E B M;   7 I C H;   8 D F A M

Verkehrsmittel   `CM 10.1`

A set of 12 cards to introduce the main methods of transport.

◆ These cards can be used as flashcards to present vocabulary, perhaps enlarged or copied onto overhead transparencies. They can also be used for role-play stimulus or for games such as Pelmanism and bingo.

2   Und Sie?   `page 98`

A pairwork exercise to encourage productive use of transport vocabulary.

◆ You may wish to revise the language for places in town before doing this task.
◆ Students base their dialogues around the examples in the Study Book.

3   Auskunft   `page 99`

Listening comprehension to encourage recognition of key language for enquiring about rail travel. Introduction of some separable verbs (*ankommen, abfahren*).

◆ The solution is emboldened in the transcript.

1   • Deutsche Bahn. Walther. Guten Tag.
    ○ Guten Tag. Ich möchte Freitag gegen 8 Uhr von Frankfurt nach Bielefeld fahren. Wann fährt da ein Zug?
    • Ein Zug fährt Freitag um **8.13 Uhr**. Er kommt um **11.50 Uhr** in Bielefeld an.
    ○ Und der Nächste?
    • Der Nächste fährt um **9.58 Uhr** ab und kommt um **13.35 Uhr** in Bielefeld an.
    ○ So, danke schön.
    • Bitte schön. Auf Wiederhören.

2   • Deutsche Bahn. Schmidt. Guten Tag.
    ○ Guten Tag. Ich möchte Dienstag gegen 11 Uhr morgens in Berlin sein. Wann fährt ein Zug?
    • Von wo fahren Sie ab?
    ○ Ich fahre ab Frankfurt.
    • Also, Sie haben einen Zug um **7.12 Uhr** ab Frankfurt. Er kommt um **11.25 Uhr** im Berliner Hauptbahnhof an.
    ○ So, danke schön.
    • Bitte schön. Auf Wiederhören.

4   Wann fährt ein Zug nach ...?   `page 99`

Pairwork exercise in which students use the language productively.

◆ Play the recorded example before beginning.
◆ As an alternative to pairwork, students could use the recorded gap-fill dialogues, playing the part of the traveller.
❖ Similar dialogues could be practised using authentic timetables which you or your students have brought back from Germany.

Sie rufen die Auskunft der Deutschen Bahn an. Hören Sie zuerst dem Beispiel zu.

Beispiel

• Deutsche Bahn. Müller. Guten Tag.
○ Guten Tag. Ich möchte Freitag gegen 11 Uhr nach Heide fahren. Wann fährt da ein Zug?
• Von wo fahren Sie ab?
○ Ich fahre von Kiel ab.
• Ein Zug fährt Freitag um 11.21 Uhr ab. Er kommt um 13.12 Uhr in Heide an.
○ Muss ich umsteigen?
• Ja, in Neumünster.
○ Danke. Und ich möchte Samstag gegen 16 Uhr in Albersdorf sein. Wann fährt da ein Zug?
• Also, Sie haben einen Zug um 13.20 Uhr ab Kiel. Sie müssen in Neumünster umsteigen und er kommt um 14.56 Uhr in Albersdorf an.
○ So, danke schön.
• Bitte schön. Auf Wiederhören.

Jetzt sind Sie dran! Hören Sie zu und sprechen Sie in den Pausen.

1 • Deutsche Bahn. Guten Tag.
   <pause>
   • Von wo fahren Sie ab?
   <pause>
   • Ein Zug fährt Samstag um 12.01 Uhr. Er kommt um 13.54 Uhr in Husum an.
   <pause>
   • Ja, in Heide.
   <pause>

2 • Deutsche Bahn. Guten Tag.
   <pause>
   • Von wo fahren Sie ab?
   <pause>
   • Also, Sie haben einen Zug um 13.10 Uhr in Hamburg. Sie müssen in Neumünster umsteigen und er kommt um 14.45 Uhr in Hademarschen an. Oder Sie fahren um 15.21 Uhr und kommen um 16.45 an.
   <pause>
   • Bitte schön. Auf Wiederhören.
   <pause>

3 • Deutsche Bahn. Guten Tag.
   <pause>
   • Von wo fahren Sie ab?
   <pause>
   • Ein Zug fährt Mittwoch um 14.26 Uhr. Er kommt um 16.09 Uhr in Itzehoe an.
   <pause>
   • Ja, in Heide.
   <pause>

4 • Deutsche Bahn. Guten Tag.
   <pause>
   • Von wo fahren Sie ab?
   <pause>
   • Also, Sie haben einen Zug um 19.24 Uhr in Hamburg. Sie müssen in Neumünster und Heide umsteigen. Er kommt um 21.54 Uhr in Husum an.
   <pause>
   • Bitte schön. Auf Wiederhören.

5 Auf dem Bahnhof page 100 🎧

Listening activity presenting students with the language needed for purchasing tickets.

◆ The solution is emboldened in the transcript.

Beispiel

• Guten Tag.
○ Tag. Einmal nach Dortmund, bitte.
• Einfach oder hin und zurück?
○ Einfach.
• Und ist das erste oder zweite Klasse?
○ Zweite Klasse.
• Das macht DM 10,50.
○ So … und wann fährt der nächste Zug?
• In zwanzig Minuten, um 14.45 Uhr.
○ Von welchem Gleis?
• Gleis 4.
○ Muss ich umsteigen?
• Nein, der Zug fährt direkt.
○ Danke sehr. Auf Wiedersehen.
• Bitte. Auf Wiedersehen.

1 • Guten Tag.
   ○ Guten Tag. Zweimal nach **Herne**.
   • Einfach oder hin und zurück?
   ○ **Hin und zurück.**
   • Erste oder zweite Klasse?
   ○ **Zweite Klasse.**

• Also, das macht DM **48,00.**
○ So … Muss ich umsteigen?
• Ja, **Sie müssen in Dortmund umsteigen.**
○ Und von welchem Gleis fährt der Zug?
• **Gleis 6b.** Er fährt in zehn Minuten, um **11.27 Uhr.**
○ Danke. Auf Wiedersehen.
• Bitte. Wiedersehen.

2 • Guten Tag.
   ○ Guten Tag. Zweimal nach **Berlin**, bitte, **hin und zurück.**
   • Erste oder zweite Klasse?
   ○ **Erste Klasse.**
   • Also, das macht DM **264,00.**
   ○ Von welchem Gleis fährt der Zug?
   • **Gleis 7. Um 13.17 Uhr.**
   ○ Danke. Und noch eine Frage: muss ich umsteigen?
   • Ja, **Sie müssen in Münster umsteigen.**
   ○ Danke. Auf Wiedersehen.
   • Bitte.

6 Jetzt sind Sie dran! page 100 🎧/👥

Pairwork practice at buying railway tickets, based on prompts in the Study Book.

◆ As an alternative to pairwork, students could use the recorded gap-fill dialogues.

Sie sind am Informationsschalter auf dem Bahnhof und wollen Fahrkarten kaufen. Hören Sie zu und sprechen Sie in den Pausen.

1 • Kann ich Ihnen helfen?
   <pause>
   • Erste oder zweite Klasse?
   <pause>
   • Also, das macht DM 72,50.
   <pause>
   • Ja, in Hannover.
   <pause>
   • Gleis 6.
   <pause>

2 • Kann ich Ihnen helfen?
   <pause>
   • Erste oder zweite Klasse?
   <pause>
   • Also, das macht DM 66,90.
   <pause>
   • Nein, der Zug fährt direkt.
   <pause>
   • Gleis 12B.
   <pause>

Jetzt sind Sie der Beamte oder die Beamtin.

3 • Kann ich Ihnen helfen?
   <pause>
   • Erste oder zweite Klasse?
   <pause>
   • Also, das macht DM 24,00.
   <pause>
   • Ja, in Koblenz.
   <pause>
   • Um 11.43 Uhr.
   <pause>

4 • Kann ich Ihnen helfen?

    <pause>

  • Erste oder zweite Klasse?

    <pause>

  • Also, das macht DM 56,80.

    <pause>

  • Nein, der Zug fährt direkt.

    <pause>

  • Der nächste Zug fährt um 9.37 Uhr – von Gleis 5 ab.

    <pause>

7 Mit der U-Bahn und der S-Bahn in Hamburg `page 101` 🎧 + 👥

Practises *zum* and *zur* by asking and answering questions based on the underground map.

◆ Once students are comfortable with figuring out the questions and answers alone, encourage them to have conversations in pairs.

◆ Two recorded examples are given. Possible solutions are also recorded for numbers 3–7.

❖ Students could challenge each other to point out the quickest route from A to B: *Ich bin in A. Wie komme ich am besten zu B?*

❖ Alternatively, you could ask a student to get from A to B by the longest route possible.

Beispiel

1 • Ich möchte zu Hagenbecks Tierpark. Welche Linie geht dahin, bitte?

  ○ Also, Sie nehmen hier die Linie U1 Richtung Stadtmitte oder Garstedt. Sie steigen zwei Stationen weiter in Wandsbek-Gartenstadt um und fahren dann mit der U2 Richtung Niendorf. Das ist ziemlich weit.

Beispiel

2 • Ich möchte zum Flughafen. Welche Linie geht dahin, bitte?

  ○ Am besten nehmen Sie die U1 bis Wandsbeker Chaussee, dann die S1 bis Ohlsdorf (Richtung Poppenbüttel). Und in Ohlsdorf nehmen Sie den Airport Express zum Flughafen.

3 • Ich möchte zu den Landungsbrücken. Welche Linie geht dahin, bitte?

  ○ Sie nehmen die U1 bis zum Hauptbahnhof, dann die U3 Richtung Barmbek bis zu den Landungsbrücken.

4 • Ich möchte zum Volksparkstadion. Welche Linie geht dahin, bitte?

  ○ Das ist ziemlich weit. Am besten nehmen Sie die U1 bis zum Hauptbahnhof, dann die S3 Richtung Pinneberg. Das Volksparkstadion ist in Stellingen.

5 • Ich möchte zum Botanischen Garten. Welche Linie geht dahin, bitte?

  ○ Das ist in Klein Flottbek. Am besten nehmen Sie die U1 bis zur Wandsbeker Chaussee, dann die S1 Richtung Wedel. Der Botanische Garten ist zwischen Othmarschen und Blankenese.

6 • Ich möchte zum Fernsehturm. Welche Linie geht dahin, bitte?

  ○ Also, die beste Station ist Sternschanze. Sie nehmen hier die Linie U1 Richtung Stadtmitte oder Garstedt. Sie steigen zwei Stationen weiter in Wandsbek-Gartenstadt um und fahren dann mit der U2 Richtung Niendorf. Sie steigen zwei Stationen weiter in Barmbek um und nehmen die U3 bis Sternschanze.

7 • Ich möchte zur Oper. Welche Linie geht dahin, bitte?

  ○ Am besten nehmen Sie die U1 bis zur Wandsbek-Gartenstadt, dann die U2 zum Gänsemarkt. Die Oper ist dann nicht mehr weit.

8 Am Flughafen `page 102` 🎧 / 👥

Pairwork exercise based on realia extract which features a lot of new vocabulary, and introduces more dative prepositions (*auf, hinter, neben*).

◆ Go through the examples first and check comprehension of some items if necessary.

◆ As an alternative to pairwork, students could work with the gap-fill recording.

❖ The realia can be used as the stimulus for practice in asking and answering *Wer?/Wie?/Was?* questions.

❖ You may wish to translate some of the phrases in the text into English, and conduct a retranslation exercise.

❖ You could also draw up a plan of an airport terminal on several floors, with various places marked, and others left blank for students to work out. Written cues lead to the location of the unmarked places (e.g. *Die Bank ist auf der zweiten Ebene, gegenüber dem Buchladen*).

Sie sind am Informationsschalter im Flughafen Frankfurt. Wo ist was im Flughafen? Hören Sie zuerst den Beispielen zu.

Beispiel

1 ○ Entschuldigen Sie bitte. Wo ist das Fundbüro?

  • Das ist in der Halle C auf der ersten Ebene. Also, unten, neben der Gepäckausgabe.

2 ○ Entschuldigung. Ich brauche Aspirin. Wo ist bitte eine Apotheke?

  • Das ist in der Halle A auf der zweiten Ebene. Also, hier rechts, neben dem Check-in.

Jetzt sind Sie dran! Hören Sie zu und sprechen Sie in den Pausen.

3 *<pause>*

  • Die Autovermietungen sind alle in der Ankunftshalle A auf der ersten Ebene, ganz rechts am Ende.

4 *<pause>*

  • Buchhandlungen gibt es hier auf der zweiten Ebene, hinter dem Check-in in den Hallen A, B und C.

5 *<pause>*

  • Sie nehmen die Sky Line (die Hochbahn) auf der vierten Ebene.

6 *<pause>*

  • Die Wechselstube ist in der Halle C auf der zweiten Ebene, hinter dem Check-in.

7 *<pause>*

  • Der Supermarkt ist auf der Ebene O, neben dem DB-Reisezentrum.

8 *<pause>*

  • Die Post ist in der Halle B auf der zweiten Ebene, hinter dem Check-in.

9 Autoverleih `page 103` 🎧

A listening comprehension to introduce language required for hiring a car, followed by true/false questions.

• Guten Tag. Ich möchte bitte ein Auto mieten.

○ Ja, gerne. Ich brauche einige Informationen von Ihnen. Ihr Name bitte?

• Booth, B-O-O-T-H. Alan Booth.

○ Danke, Herr Booth. Wie lange wollen Sie das Auto mieten?

• Eine Woche, also von heute bis zum elften Juni.

○ Und geben Sie das Auto wieder hier am Flughafen ab oder wollen Sie es in einer anderen Stadt abgeben?

• Hier bitte. Ich fliege in einer Woche wieder ab.

○ Gut. Und welche Größe möchten Sie – ein kleines, ein mittelgroßes oder ein großes Auto?

• Ein kleines. Ich bin allein und brauche kein großes Auto.

○ Haben Sie Ihren Führerschein dabei bitte ? … So, danke … Und wie möchten Sie bezahlen?

• Mit Kreditkarte.

○ In Ordnung. … Gut, können Sie bitte hier unterschreiben? … Danke. So, hier ist der Schlüssel. Das Auto finden Sie auf dem Parkplatz C, Platznummer 43. Achten Sie bitte auf die Hinweise in dieser Broschüre. Herr Booth, ich wünsche Ihnen einen schönen Aufenthalt.

• Danke. Auf Wiedersehen.

> 1 falsch; 2 richtig; 3 falsch; 4 richtig; 5 falsch; 6 falsch; 7 richtig; 8 falsch

10 Jetzt sind Sie dran! page 103

This pairwork activity gives students the opportunity to use new language productively.

◆ Alternatively, students could listen to the recorded gap-fill exercise three times and fill in the part of the customer each time.

Sie sind beim Autoverleih, und wollen ein Auto mieten. Hören Sie dreimal zu und sprechen Sie in den Pausen.

● Guten Tag. Kann ich Ihnen helfen?

<pause>

● Ja, gerne. Wie lange wollen Sie das Auto mieten?

<pause>

● Und geben Sie das Auto wieder hier am Flughafen zurück oder wollen Sie es in einer anderen Stadt abgeben?

<pause>

● Gut. Und welche Größe möchten Sie – ein kleines, ein mittelgroßes oder ein großes Auto?

<pause>

● Haben Sie Ihren Führerschein dabei bitte ? … So, danke. … Und wie möchten Sie bezahlen?

<pause>

● In Ordnung. … Gut, können Sie bitte hier unterschreiben? … Danke. So, hier ist der Schlüssel …

11 An der Tankstelle page 103

This recorded matching exercise introduces new vocabulary relating to basic motoring requirements.

◆ The *Infotipp* at the bottom of this page introduces helpful phrases relating to car breakdowns.

1 ● Volltanken bitte. Normal.
   ○ So, das macht 23,50 Mark. Zahlen Sie bitte an der Kasse.
2 ● Können Sie bitte das Wasser nachfüllen?
   ○ Ja, gerne.
3 ● Können Sie bitte den Ölstand prüfen?
   ○ Ja, ich sehe nach.
   ● Es ist alles in Ordnung. Sie brauchen kein Öl.
4 ● Können Sie bitte die Reifen prüfen?
   ○ Ja, OK. Wie ist der Druck?
   ● Vorne 1,8 und hinten 2,1.
5 ● Können Sie bitte die Scheiben reinigen?
   ○ Ja, gerne.
6 ● Guten Tag. Was möchten Sie?
   ○ Vierzig Liter Diesel, bitte.
   ● 64,80 Mark bitte.
7 ● Zwanzig Liter Bleifrei, bitte.
   ○ Fahren Sie bitte zur Kasse. Sie bezahlen an der Ausfahrt.

> 1 A; 2 F; 3 E; 4 D; 5 G; 6 B; 7 C

12 Jetzt sind Sie dran! page 103

Active pairwork practice of transactions at a garage, based on visual prompts in the Study Book.

◆ Students may find it helpful to listen to the previous recording again.
◆ This can also be done with the following gap-fill recording.

Sie sind an der Tankstelle. Hören Sie zu und sprechen Sie in den Pausen.

1 ● Guten Tag. Was möchten Sie?
   <pause>
  ● Sonst noch etwas?
   <pause>
  ● So, das macht 28 Mark. Zahlen Sie bitte an der Kasse.
2 ● Guten Tag. Was möchten Sie?
   <pause>
  ● Sonst noch etwas?
   <pause>
  ● Ja, OK. Wie ist der Druck?
   <pause>
  ● Das ist alles in Ordnung. Bezahlen Sie bitte an der Kasse.
3 ● Guten Tag. Was möchten Sie?
   <pause>
  ● Sonst noch etwas?
   <pause>
  ● Ja gerne. So. Bezahlen Sie bitte an der Kasse.
4 ● Guten Tag. Was möchten Sie?
   <pause>
  ● Ja, ich sehe nach. Es ist alles in Ordnung. Sie brauchen kein Öl.
   <pause>
  ● Ja, gerne.
   <pause>
  ● Bitte schön. Auf Wiedersehen.

13 Mit dem Fahrrad page 104

Extended listening comprehension featuring differing opinions on cycling, and a matching exercise.

1 Ich fahre jeden Tag mit dem Rad zur Schule. Ich finde, es ist gesund und auch sehr praktisch. Und es dauert nur zehn Minuten – zu Fuß brauche ich eine halbe Stunde.

2 Wir fahren nicht gern Rad – wir gehen lieber zu Fuß oder fahren mit dem Bus. Mit dem Rad ist es zu gefährlich, es gibt zu viel Verkehr. Und im Winter ist es besonders gefährlich. Nein, Radfahren ist nichts für uns.

3 Ich fahre mit dem Rad zur Arbeit, wissen Sie. Es ist viel schneller als mit dem Auto. Meine Kollegen stehen alle im Stau und ich flitze vorbei! Kein Problem!

4 Mein Mann und ich sind immer Rad gefahren und es macht uns immer noch Spaß. Wir stellen die Räder oft auf das Autodach und fahren auf das Land. So können wir die Landschaft genießen und gesund bleiben!

5 Ich muss Jens-Peter zum Kindergarten bringen. Zu Fuß dauert das zu lange, mit dem Auto geht das nicht – das Rad ist die ideale Lösung. Mein Sohn sitzt hinten auf dem Kindersitz und wir fahren einfach los.

6 Wir machen sehr oft Radtouren auf dem Land und in der Umgebung. Es macht Spaß und wir bleiben fit.

7 Ich kann nicht Rad fahren, ich habe das nie gelernt. Ich fahre immer mit dem Auto. Ich sitze da im Auto und sehe die Radfahrer im Regen oder bei starkem Wind und ich denke: ‚Nein, das ist nichts für mich!‘.

> 1 C; 2 B; 3 A; 4 G; 5 E; 6 D; 7 F

14 Und Sie? page 104

Active pairwork practice on the theme of cycling.

◆ The flow chart gives examples of the language needed.

Kreuzworträtsel `CM 10.2`

A fairly demanding crossword which incorporates the main language of the chapter as well as a certain amount of revision of previous vocabulary.

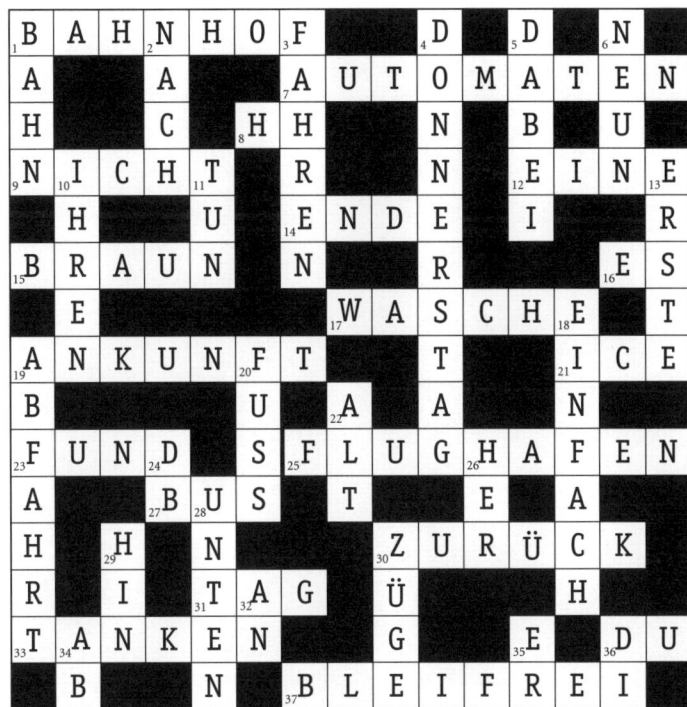

(Completed crossword grid with answers including: BAHNHOF, AUTOMATEN, NICHT, ENDE, BRAUN, WÄSCHE, ANKUNFT, ICE, FUND, FLUGHAFEN, BUS, ZURÜCK, TAG, TANKEN, BLEIFREI)

Das Verkehrsmittelspiel `CM 10.3`

A board game for small groups, which involves most of the language of the chapter.

u   You will need a die and counters. You may wish to enlarge the board by making an A3 photocopy.

u   Players roll the die and move the required number of squares, responding to the text or pictorial cue on the square where they land. This involves either responding to simple picture prompt questions or, if the square is marked with a star, conducting a conversation with another student.

u   Not all the squares require students to speak, but they should be encouraged to read the instruction aloud each time they land on a new square, and to comment on the instruction whenever possible.

u   The other students (or the tutor) judge the accuracy of the responses – if these are incorrect, the student could miss a turn.

Und so weiter …: Transcripts + Solutions `page 105`

1

> **a** (i) eine Tagesfahrt; (ii) eine Rundfahrt; **b** 1 hour 50 mins; **c** music and dancing; **d** 22.45; **e** reserve a place; **f** yes (Aufenthalt wahlweise); **g** refreshments and music; **h** any three from: schools, businesses, societies, weddings, clubs

2 **1** Passagiere für Lufthansa-Flugnummer LH 2890 nach Warschau, planmäßiger Abflug 10.15 Uhr, gehen Sie bitte jetzt zum Flugsteig-Nummer B13. Flugnummer LH 2890 nach Warschau, gehen Sie bitte zum Flugsteig-Nummer B13.

2 American Airlines-Flugnummer AA 071 nach San Francisco fliegt mit 40 Minuten Verspätung um 11.15 ab. Der nächste Flug nach San Francisco fliegt um 11.15 Uhr ab. Bitte entschuldigen Sie die Verspätung.

3 Eine Durchsage für Herrn Petersen, der nach Moskau fliegt. Bitte gehen Sie sofort zum Lufthansa-Informationsschalter. Herr Petersen, Passagier nach Moskau, bitte sofort zum Lufthansa-Informationsschalter.

4 Letzter Aufruf für Flugnummer LH 450 nach Los Angeles. Alle Passagiere für Flugnummer LH 450 nach Los Angeles begeben sich bitte sofort zum Flugsteig-Nummer B25.

5 Passagiere Schmidt und Borchert für den Flug nach Brüssel werden dringend gebeten sich zum Flugsteig-Nummer B55 zu begeben. Der Flug wartet auf Sie. Passagiere Schmidt und Borchert bitte sofort zum Flugsteig-Nummer B55.

6 Passagiere für den verspäteten Flug nach Berlin Tegel können jetzt an Bord gehen. Flugnummer LH 2408 fliegt jetzt um 11.10 Uhr ab. Wir entschuldigen uns für die Verspätung. Passagiere für Berlin sollten jetzt zum Flugsteig-Nummer B2 gehen.

2
> **a** 1 b; 2 i; 3 e; 4 a; 5 k; 6 g
> **b** 1 Passengers for Warsaw go to gate number B13.
> 2 San Francisco flight is departing 40 minutes late at 11.15.
> 3 Herr Petersen, flying to Moscow, report to the Lufthansa Information Desk immediately.
> 4 Last call for Los Angeles flight LH 450, go to gate B25.
> 5 Passengers Schmidt and Borchert go immediately to gate B55; the Brussels flight is waiting for them.
> 6 Passengers can now board the delayed flight to Berlin Tegel, departure 11.10, go to gate B2.

3
> m   Zweimal einfach nach Münster, bitte.
> n   Erste oder zweite Klasse?
> m   Erste Klasse.
> n   Also, das macht DM 124,00.
> m   So, hier ist das Geld … Muss ich umsteigen?
> n   Nein, der Zug fährt direkt.
> m   Von welchem Gleis fährt der Zug?
> n   Gleis 12B.
> m   Und um wie viel Uhr?
> n   Der nächste Zug fährt um 12.14 ab.
> m   Danke. Auf Wiedersehen.

4 – Wie fahren Sie in die Stadt?
– Wie fahren Sie in Urlaub?
– Fahren Sie oft mit dem Rad?
– Warum oder warum nicht?

Jetzt sehen Sie sich die Bilder auf Seite 105 an. Was sagen Sie jeweils?

1 Sie fahren mit der Bahn nach Bonn, und wollen eine Fahrkarte kaufen. Hören Sie zu und sprechen Sie in den Pausen.
<pause>
● Erste oder zweite Klasse?
<pause>
● Also, das macht DM 50.

2 Sie wollen mit der U-Bahn fahren. Hören Sie zu und sprechen Sie in den Pausen.
<pause>
● Sie nehmen die Linie U1.
<pause>
● Um 11.20 Uhr.

3 Sie sind an der Tankstelle. Hören Sie zu und sprechen Sie in den Pausen.
● Guten Tag. Was möchten Sie?
<pause>
● Also, das macht 56 Mark.
<pause>
● Ja, ich sehe nach. Es ist alles in Ordnung. Sie brauchen kein Öl.

4 Sie wollen ein Auto mieten. Hören Sie zu und sprechen Sie in den Pausen.
● Guten Tag. Kann ich Ihnen helfen?
<pause>
● Ja gerne. Ich brauche von Ihnen ein paar Einzelheiten. Ihr Name bitte?
<pause>
○ Und welche Größe möchten Sie – ein kleines, ein mittelgroßes oder ein großes Auto?
<pause>
● So. Haben Sie Ihren Führerschein dabei bitte?

Zum Üben: Solutions `page 107`

1   **a** BUS; **b** ZUG; **c** STRASSENBAHN; **d** AUTO; **e** MOTORRAD;
f FÄHRE; **g** FLUGZEUG; **h** RAD

2   **a** Angela fährt mit dem Bus zur Arbeit/Fabrik.

     b Horst fährt mit dem Auto in Urlaub.

     c Carola fliegt nach Amerika.

     d Max geht zu Fuß in die Stadt.

     e Maria fährt mit dem Taxi zum Bahnhof.

     f Josef fährt mit der U-Bahn zum Flughafen.

3   **a** Der nächste Zug nach Dresden fährt um 16.00 Uhr ab.

     b Ich möchte bitte ein Auto mieten. / Ich möchte ein Auto mieten, bitte.

     c Zweimal nach Wolfenbüttel bitte, hin und zurück.

     d Sie steigen zwei Stationen weiter in Wandsbek-Gartenstadt um.

     e Sie nehmen hier die Linie U1 Richtung Stadtmitte.

     f Der Zug fährt von Gleis 11 ab.

4   **a** Einmal einfach nach Hamburg, bitte.

     b Können Sie bitte den Ölstand prüfen?

     c Muss ich umsteigen?

     d Ich möchte ein Auto mieten.

     e Können Sie bitte hier unterschreiben?

     f Ich möchte Donnerstag gegen 15.30 Uhr in Berlin sein.

     g Ich möchte zum Botanischen Garten. Welche Linie geht dahin bitte?

     h Nehmen Sie die S1 Richtung Poppenbütel nach Ohlsdorf.

5   **a** Ich fahre **mit** dem Zug nach Augsburg.

     b Sie müssen **in** Dortmund umsteigen.

     c Wo ist der Fahrkartenautomat **für** den Bus?

     d Das Fundbüro ist **auf** der ersten Ebene.

     e Die Apotheke ist rechts **neben** dem Check-in.

     f Die Autovermietungen sind alle **hinter** der Gepäckausgabe.

Vokabeltest: Solution

Wie heißt das auf Deutsch?

die Straßenbahn; das Motorrad; das Flugzeug; der Wagen / das Auto;
der Bahnhof; zu; umsteigen; hin und zurück; Richtung; Sie brauchen;
ausleihen; bleifrei; volltanken; unterschreiben

... und auf Englisch?

underground/tube; ferry; to go (by means of transport); train; platform;
travel information counter; airport; they arrive; on foot; handicapped
people; driving licence; insurance papers; oil level; motorway services

Beim Ausgehen

Topics	Activities
◆ Invitations	1–4
◆ Excuses	3–4
◆ Illness	5–7
◆ At the doctor's	8–9
◆ Films	10
◆ Arranging where to meet	11
◆ Clothes	12–14
◆ Describing people	15–16

Language	Activities	Zum Lernen
◆ Adjectival endings	12–16	note 1
◆ Word order	1–16	note 2
◆ Imperatives	9	note 3

1 am 6. April; 2 um 8.00 Uhr; 3 einen Salat und was zu trinken; 4 Norbert und Annalies Gruber; 5 in der Gedächtniskirche in Eisleben; 6 Ulrike; 7 spät; 8 nichts (nur dich und schönes Wetter); 9 Heike Bescheid sagen; 10 Das ist ein Kostümparty; 11 Essen, Getränke, Musik, Spiele, Tanz, gute Stimmung; 12 Sie essen im Restaurant.

1 Eine Einladung page 108

A matching exercise and comprehension questions introduce language required to issue invitations.

◆ Answers to the questions can be in the form of brief answers or whole sentences.
❖ You could ask students to write their own invitations as homework – these could be serious or humorous.

1 ● Schau mal, das Jugendzentrum macht am 28. Mai ein Grillfest.
  ○ Sind wir zu der Zeit frei?
  ● Ich denke schon. Willst du hingehen?
  ○ Ja, gerne – lass mich mal die Einladung sehen … schönes Wetter mitbringen?! Na ja … an uns liegt das leider nicht!

2 ● Lutz Schreiner.
  ○ Hallo Lutz, hier ist Heike. Hast du meine Einladung bekommen?
  ● Ja! Erst heute morgen.
  ○ Und kannst du kommen?
  ● Ja, klar! Kegeln macht mir sehr viel Spaß … Hast du Geburtstag, oder wie?
  ○ Nein, hab' ich nicht. Ich wollte bloß einen netten Abend veranstalten.
  ● Gut. Dann sehen wir uns bald, nicht?
  ○ Prima – freut mich. Tschüs!

3 ● Oh – Ulrike feiert ihren 30. Geburtstag.
  ○ Wann denn?
  ● Am 11., also heute in zwei Wochen.
  ○ Ach, wie schade – da sind wir nicht frei.
  ● Echt? Dann muss ich Ulrike anrufen und ihr Bescheid sagen.

4 ● Otto, komm mal her. Die Tochter von Grubers heiratet, und wir sind eingeladen.
  ○ Ah, wie schön. So ein nettes Mädchen. Wo findet die Trauung statt?
  ● In der Gedächtniskirche … und nachher im Hotel Waldblick.
  ○ So … schön. Kennst du Manfred Wittenfeld?
  ● Nein! Ich kenn' ihn nicht. Bin gespannt, wie er ist!

5 ● Rainer Braun.
  ○ Rainer, hallo! Hier ist Elsa! Du … wir sind letzte Woche umgezogen.
  ● Ja, ich weiss. Und wie ist denn die neue Wohnung?
  ○ Ganz toll – wir sind total begeistert … du, wir machen am 15. September eine Einzugsparty. Könnt ihr kommen?
  ● Ähmm … ja, ich denke schon … ich schaue gerade im Terminkalender nach … doch, da sind wir frei.
  ○ Prima! Ihr müsst im Kostüm kommen – das ist ein Maskenball.
  ● Ach was! Sollen wir etwas mitbringen?
  ○ Ja, einen Salat, wenn euch das Recht ist. Ihr bekommt sowieso eine Einladung.
  ● Ich freue mich schon darauf. Vielen Dank.
  ○ Bis dann, tschüs.
  ● Wiederhören, Elsa.

1 C; 2 D; 3 A; 4 B; 5 E

2 Wer kommt? Wer kommt nicht? page 109

A matching exercise to introduce the language required to accept and decline invitations.

1 ● Markus, möchtest du mit mir am Samstag schwimmen gehen?
  ○ Ja, gerne.
2 ● Lutz, möchtest du am Freitag mit der Clique ins Kino gehen?
  ○ Ja, da bin ich frei. Was läuft?
3 ● Karola, ich gebe nächsten Sonntag ein Geburtstagsfest. Möchtest du kommen?
  ○ Am Sonntag! Leider nicht – ich muss arbeiten.
  ● Schade.
4 ● Bettina, wir fahren am Dienstag in den Harz. Möchtest du mitkommen?
  ○ Ähmm … vielleicht … Moment, ich schaue gleich im Terminkalender nach … ja, ich habe an dem Tag nichts vor. Ich fahre gern mit.
5 ● Bärbel, wir gehen morgen ins Restaurant. Kommst du mit?
  ○ Wohin geht ihr denn?
  ● Wir gehen chinesisch essen. Hast du Lust?
  ○ Nicht besonders – ich esse nicht so gern chinesisch.
6 ● Herr Bertolski, einige Kollegen gehen am Montagabend ins Konzert. Haben Sie Lust, mitzukommen?
  ○ Ich hätte schon Lust, aber ich habe am Montagabend schon etwas vor. Tut mir leid. Aber vielen Dank für die Einladung.

1 D (kommt); 2 B (kommt); 3 A (kommt nicht); 4 F (kommt); 5 C (kommt nicht); 6 E (kommt nicht)

3 Kommen Sie mit? page 109

A gap-fill exercise to practise issuing and declining invitations, supported by a flow chart.

◆ Students could also make up their own dialogues in pairs using the flow chart as a guide.

1 ● Möchten Sie am Montagabend ins Konzert gehen?
  <pause>
  ● Also, ich gehe am Dienstagabend in die Kneipe. Haben Sie Lust?
  <pause>
  ● Schade.

4 Ich kann leider nicht page 109

This matching exercise extends the scope of the previous dialogues by introducing the language needed to make excuses.

1 D; 2 E; 3 G; 4 H; 5 I; 6 J; 7 F; 8 B; 9 A; 10 C

2 • Ich gehe nächste Woche kegeln. Möchten Sie mitkommen?

    <pause>

    • Also, ich spiele am Samstagvormittag Tennis. Haben Sie Lust?

    <pause>

    • OK. Ein anderes Mal, vielleicht.

Haben Sie diese Woche was vor? `CM 11.1`

A game for groups of four (three, or two) players to practise making arrangements. The aim is to find two times in the week ahead when all players are free to go dancing and to a café together.

◆ The sheet consists of 4 busy diary pages to be cut up and distributed.

◆ Each player has a diary page. The conversation will take the form of the following example:

    A – Wann können wir ins Café gehen? B, sind Sie am Freitagabend frei?

    B – Nein, da bin ich nicht frei. Ich gehe in die Kneipe. C, sind Sie am Donnerstagabend frei?

    C – Nein, am Donnerstagabend muss ich arbeiten. Aber ich bin am Samstagabend frei ... *(etc.)*

> Two times from: Samstagvormittag, Sonntagnachmittag, Dienstagabend.

5 Ich bin krank `page 110` 🎧

A listening/matching exercise to introduce language relating to illness.

◆ You may wish to pre-teach the vocabulary using flashcards or mime.

1 • Was fehlt Ihnen?
    ○ Ich habe Ohrenschmerzen.

2 • Was fehlt dir, Manuela?
    ○ Ich habe Halsschmerzen.

3 • Geht es Ihnen nicht gut?
    ○ Nein, mein Fuß tut weh.

4 • Was ist mit dir los, Franziska?
    ○ Ich habe Fieber.

5 • Was ist mit Ihnen los?
    ○ Ich habe furchtbare Zahnschmerzen.

6 • Ist dir schlecht, Thomas?
    ○ Ja, ich habe Magenschmerzen.

7 • Sascha, was fehlt dir?
    ○ Ich habe Kopfschmerzen.

8 • Was ist mit dir los?
    ○ Mein Arm tut sehr weh.

9 • Was fehlt Ihnen?
    ○ Mein Bein tut weh.

10 • Was ist mit dir los?
    ○ Meine Hand tut furchtbar weh.

> 1 D; 2 I; 3 B; 4 H; 5 C; 6 G; 7 J; 8 E; 9 F; 10 A

6 Was fehlt Otto? `page 110`

A gap-fill activity to reinforce illness vocabulary.

◆ This can be done orally first and then in writing, checking against the captions in activity 5.

❖ Students can have a lot of fun saying what is wrong with them. Use a bandage and a tissue with red ink/paint ('blood') on it to show which part hurts.

❖ A chain game gives good practice. One person starts by saying what is wrong with them; the next person has that ailment and adds an extra one and so on. It helps the memory and keeps the game going longer if each person has a 'blood-stained' tissue or a bandage for their additional ailment

> A Ich habe Magenschmerzen.
> B Mein Fuß tut weh.
> C Mein Arm tut weh.
> D Ich habe Ohrenschmerzen.
> E Ich habe Kopfschmerzen.
> F Ich habe Zahnschmerzen.
> G Ich habe Halsschmerzen.
> H Ich habe Fieber.

7 Was fehlt Ihnen? `page 110` 🎧

A word puzzle to consolidate the vocabulary from this section.

◆ Students can check their answers against the recorded solution (which should also be used for pronunciation practice).

> 1 Ich habe Zahnschmerzen 2 Ich habe Halsschmerzen 3 Ich habe Kopfschmerzen 4 Ich habe Fieber 5 Ich habe Magenschmerzen 6 Ich habe Ohrenschmerzen

8 Otto macht einen Termin beim Arzt `page 111` 🎧

A listening activity to encourage students to extract relevant information from extended dialogues.

◆ Students should listen to the recording twice: first to obtain the time of Otto's appointment, and then for details of the other patients' appointment times.

❖ You could ask students to put the patients in the order in which they will be seen: *Wer ist zuerst dran? Wer ist als Nächster dran? – Herr Müller hat einen Termin um 10.20 Uhr, dann kommt ...*

1 • Guten Tag, Herr Säger am Apparat. Hat der Herr Doktor heute einen Termin frei?
    ○ Ja, um 10.50 Uhr? Ist das Ihnen Recht?
    • Ja, gut. Vielen Dank. Auf Wiederhören.

2 • Guten Morgen. Mein Name ist Drechsler. Kann ich bitte heute in die Sprechstunde kommen?
    ○ Ja, natürlich. Um 10.20 Uhr haben wir einen Termin frei. Ist das in Ordnung?
    • Ja, kein Problem. Vielen Dank. Auf Wiederhören.

3 • Guten Tag. Hier Otto Hänssler. Ich möchte gerne heute einen Termin haben. Ist heute Morgen noch etwas frei?
    ○ Moment mal, Herr Hänssler ... ja, 10.30 Uhr ist noch frei, oder zehn Minuten später um 10.40 Uhr.
    • Dann komme ich um 10.30 Uhr. Vielen Dank. Auf Wiederhören.

4 • Hallo, hier ist Karla Friedrich. Kann ich heute in die Sprechstunde kommen?
    ○ Ja, natürlich, Frau Friedrich. Können Sie um 10.40 Uhr kommen?
    • Nein, das schaffe ich nicht. Haben Sie einen späteren Termin frei?
    ○ Der nächste ist um 11.00 Uhr. Ist Ihnen das Recht?
    • Um 11.00 Uhr? Ja, da kann ich. Vielen Dank, auf Wiederhören.

5 • Guten Morgen. Ich heiße Asla Türck und möchte heute einen Termin mit dem Herrn Doktor haben, bitte.
    ○ Ja, ich kann Ihnen einen Termin um 10.40 Uhr geben. Wenn das Ihnen nicht passt, müssen Sie leider bis morgen warten.
    • Äh ... doch, 10.40 Uhr ist mir Recht. Auf Wiederhören.

> 1 Herr Säger – 10.50 Uhr; 2 Frau Dreschsler – 10.20 Uhr;
> 3 Otto Hänssler – 10.30 Uhr; 4 Karla Freidrich – 11.00 Uhr;
> 5 Asla Türck – 10.40 Uhr

Darf ich heute einen Termin haben? `CM 11.2`

A whole-class activity which will work best with 12 or 13 players.

u   Players are each issued with a card showing their ailment and any time constraints. They should 'ring up' in order, beginning with A, and book an appointment to see the doctor.

u   One person takes the role of doctor's receptionist, and has a list of free appointment times between 10.00 and 12.00 today. Students should take it in turns to play the role of the receptionist.

u   The receptionist should accommodate all 12 patients if possible, and ask each one what they are suffering from (not strictly authentic, but nonetheless practising the vocabulary for illness and injury!). Various solutions will work.

u   If the receptionist is unable to accommodate a patient at a convenient time, there are two options: to put him/her off until tomorrow, or try and change someone else's appointment time. The receptionist should point any patients suffering from toothache in the direction of the nearest dentist!

9   Was sagt der Arzt? `page 111`

A listening activity to introduce more language relating to illness and doctor's advice. Also introduces imperatives.

u   You may wish to go through some of the vocabulary before listening to the recording. You could pause the recording after each 'remedy' to enable students to find the matching visuals.

v   Students could listen to the tape again and then make up pairwork dialogues in the doctor's surgery.

●   Guten Tag, Herr Doktor Langer.
○   Guten Tag, Herr Hänssler. Was fehlt Ihnen, denn?
●   Mir ist gar nicht gut … ich habe Zahnschmerzen und Magenschmerzen …
○   Ja, Moment. Zahnschmerzen – da gehen Sie am besten zum Zahnarzt. Und Magenschmerzen? Lassen Sie mich mal sehen … tut das weh?
●   Nein.
○   Haben Sie schon erbrochen?
●   Ja.
○   Also, trinken Sie am besten viel Wasser und essen Sie nichts.
●   Gut … Ich habe auch Kopfschmerzen und Fieber …
○   Kopfschmerzen und Fieber … Nehmen Sie am besten Aspirin und bleiben Sie im Bett, bis es Ihnen besser geht.
●   Ich habe auch furchtbare Ohrenschmerzen und Halsschmerzen …
○   So, Moment mal … lassen Sie mich sehen … ja, Sie brauchen Antibiotika gegen die Infektion im Ohr. Ich verschreibe Ihnen ein Rezept … hier, bitte. Die Tabletten müssen Sie dreimal täglich nehmen. Für die Halsschmerzen kaufen Sie am besten Hustenbonbons von der Apotheke.
●   Und mein Arm tut weh, und mein Fuß auch.
○   So … tut das weh?
●   Aua!! Ja, das tut sehr weh.
○   Und das hier?
●   Ach, das geht.
○   Für den Arm nehmen Sie schmerzstillende Tabletten. Das ist nichts Schlimmes. Für den Fuß … ja, am besten gehen Sie ins Krankenhaus – das muss geröntgt werden.
●   Alles klar. Mache ich. Vielen Dank, Herr Doktor. Auf Wiedersehen.
○   Wiedersehen. Machen Sie es gut!

F; D; C; B; H; A; G; E

10   Was läuft im Kino? `page 112`

A realia-based reading comprehension to introduce and test vocabulary relating to films.

u   You could also ask further questions about times of showings, certificates and so on, in either English or German.

v   Students could do this retranslation exercise, finding the German for: … is dead (*ist tot*); certificate 16 (*freigegeben ab 16 Jahren*); with a happy ending (*mit einem glücklichen Ende*); How can he find out the truth? (*Wie kann er die Wahrheit herausfinden?*); on her father's farm (*auf dem Bauernhof von ihrem Vater*); they all fall in love (*sie verlieben sich*); from the HQ of the Star fleet (*aus dem Hauptquartier der Sternenflotte*); a huge space battle (*eine gigantische Schlacht im All*); murder witnesses (*Zeugen bei einem Mord*); subtitled (*mit Untertitel.*)

v   You could present your group with some titles of current or recent films in Germany, Austria and Switzerland (information on this could be obtained from newspapers or the Internet), and encourage students to compare the German titles with the English equivalents.

1   Evita
2   Der Glöckner von Notre Dame
3   Maximum Risk
4   Amy und die Wildgänse
5   Ein tierisches Trio
6   Star Trek – der erste Kontakt
7   The Crow – die Rache der Krähe

11   Wo treffen wir uns? `page 112`

Active pairwork practice at describing films, expressing opinions and arranging where to meet, supported by recorded examples. Revision of dative prepositions.

u   Students can base their conversations on the model dialogue and vocabulary help boxes.

u   You may wish to revise prepositions followed by the dative case (these have already been introduced and practised in Chapter 8).

u   A gap-fill dialogue is provided as an alternative activity.

l   Ich würde sehr gerne ins Kino gehen. Was läuft?
m   Maximum Risk von Jean-Claude van Damme.
l   Was für ein Film ist das?
m   Das ist ein Krimi.
l   Ja, das interessiert mich. Wann fängt der Film an?
m   Um 20.15 abends.
l   Wo treffen wir uns?
m   Treffen wir uns um 20.00 vor dem Kino.

Jetzt sind Sie dran! Hören Sie zu und sprechen Sie in den Pausen.

1   ●   Ich würde sehr gerne ins Kino gehen. Was läuft?
        <pause>
    ●   Was für ein Film ist das?
        <pause>
    ●   Ja, das interessiert mich. Wann fängt der Film an?
        <pause>
    ●   Wo treffen wir uns?
        <pause>

2   ●   Ich würde sehr gerne ins Kino gehen. Was läuft?
        <pause>
    ●   Was für ein Film ist das?
        <pause>
    ●   Nein, so was mag ich nicht. Was läuft sonst noch?
        <pause>
    ●   Was für ein Film ist das?
        <pause>
    ●   Ja, so was mag ich gerne. Wann fängt der Film an?
        <pause>
    ●   Wo treffen wir uns?
        <pause>

12 Auf dem Laufsteg [page 113] 🎧

Introduces new vocabulary including items of clothing, materials, adjectives placed before the noun (with inflected endings) describing shade and design, and colours.

◆ For a summary of adjective endings, refer students to the charts on p. 116 in the Study Book (activity 1).

◆ Vocabulary is introduced by a recording. After describing the models' clothing themselves (either orally or in writing) students can check their descriptions by listening to the recording again.

◆ Note that clothing items for the models are labelled in the accusative case (after *tragen*).

Herzlich Willkommen bei der Modenschau für die Herbstsaison! Unsere tolle Auswahl an praktischen, lockeren und auch sehr eleganten Kleidern wird Sie ohne Zweifel begeistern. Unser erstes Modell ist Andrea. Sie trägt ein lockeres Ensemble für den Alltag … hellblaue Leggings aus Elasthan und einen hellblauen Pullover aus Wolle. Dazu ein buntes Tuch, Ohrringe aus Silber und cremenfarbige Schuhe aus Wildleder.

Sagen Sie bitte ein grosses ‚Hallo' zu Marion, unserem zweiten Modell. Marion ist in einer auffallenden schwarz-gelben Kombination besonders schick gekleidet … Ihre bunte schwarz-gelbe Bluse aus Polyester hat einen eleganten Kragen … dazu trägt sie einen kurzen einfarbigen gelben Rock aus Wolle mit einem schwarz-goldenen Gürtel … sie trägt den passenden schwarz-gelben Mantel in der Hand … Marions Ohrringe sind aus Gold … ihre schwarzen Schuhe sind aus Leder …

Begrüßen Sie bitte jetzt Manuel … heute trägt er eine dunkelgrüne Hose, dazu eine gestreifte Jacke, eine bunt gemusterte Krawatte aus Seide und ein weißes Hemd aus Baumwolle. Seine schwarzen Schuhe sind ein italienisches Modell und sind natürlich aus Leder. Total schick für den Alltag im Büro.

Hier haben wir jetzt Anke und Adam. Anke sieht fantastisch aus – sie trägt ein Jeanskleid… sehr praktisch und modisch … dazu eine gestreifte Strumpfhose in orange, creme und braun … und feste blaue Stiefel aus Wildleder. Und Adam trägt ein bequemes kariertes Hemd in rot, dunkelblau und weiß. Darunter trägt er ein dunkelblaues T-Shirt und eine Jeans … dazu passen die schwarzen Stiefel.

Unsere letzten zwei Modelle sind Saskia und Natascha … (*fade*)

13 Was tragen sie? [page 113]

Practises describing clothing without language support (although new clothing vocabulary is provided).

14 Und Sie? [page 113]

Students now have an opportunity to use new language productively.

❖ Encourage students to practise the full range of vocabulary by describing outlandish or amusing outfits.

Kleider kaufen [CM 11.3]

Introduces language needed when buying clothes.

◆ This copymaster comprises a full example and a series of gap-fill conversations for students to work through in pairs. Language support is removed as the dialogues progress.

◆ Before doing this task, you may consider revising shopping vocabulary from Chapter 6, as well as introducing new language specific to clothes shopping.

15 Sylvias Familie [page 114] 🎧

A listening activity to demonstrate how to describe physical appearance and personality.

◆ Once students are familiar with the new words, they can listen again and attempt to fill in the gaps in the printed text, selecting vocabulary from the menu box. The words are grouped under general headings for extra help.

◆ The solutions are emboldened in the transcript.

Da ist mein Vater, hinten rechts. Er ist **groß** und hat **kurze**, **schwarze** Haare und **blaue** Augen. Er trägt eine **Brille**. Er ist **schlank** und **gutaussehend**. Er ist sehr **geduldig** und hat immer viel Zeit für mich.

Meine Mutter steht neben ihm. Sie ist ziemlich **groß**. Sie hat **lange**, **lockige**, **blonde** Haare und **graue** Augen. Sie ist nicht gerade **schlank**. Sie ist sehr **nett** und **freundlich**.

Das ist meine Oma, sitzend. Sie ist 77 Jahre alt. Sie hat **dunkle** Augen und **kurze**, **glatte**, **graue** Haare. Sie trägt auch eine **Brille**. Sie ist etwas **dick** und ziemlich **klein**. Sie ist sehr **lieb** und **gesprächig** – ich mag sie sehr gerne.

Meine Schwester Jasmin ist neun Jahre alt. Sie hat **blaue** Augen und **kurze**, **dunkelbraune** Haare. Sie ist noch ziemlich **klein** und **dünn**. Wir verstehen uns nicht besonders gut – sie meckert viel und ist manchmal **gemein**, dafür aber sehr **fleißig** und **selbstbewusst**.

Das hier in der Mitte ist mein Bruder Matthias. Er ist 13 Jahre alt, **groß** und **schlank** und **gutaussehend**. Er hat **graue** Augen und **schwarze**, **lockige** Haare. Ich mag ihn sehr gerne – er ist sehr **cool** und **humorvoll** – echt **toll**.

Unser Hund heißt Pino. Er ist **klein** und **braun** und sehr **freundlich**.

16 Und Sie? [page 114]

Encourages productive use of new language by asking for personal descriptions.

◆ This could be done orally or in writing.

Und so weiter …: Transcripts + Solutions [page 115] 🎧

1

> C + E; B + F

2 1 Ich freue mich auf meinen Besuch bei Ihnen! Sie haben gefragt, wie Sie mich erkennen werden … also, ich habe lange, blonde Haare, und ich trage eine Brille. Ich werde eine Jeansjacke und eine Hose tragen, vielleicht auch eine Baseballmütze dazu …

  2 Liebe Reisegäste! Unsere Reiseführer sind da, um Ihren Aufenthalt hier bei uns so angenehm wie möglich zu machen. Sie sind alle an ihren gestreiften Jacken zu erkennen, und tragen normalerweise auch diesen kleinen Hut mit unserem Firmennamen darauf.

  3 Ich bin erstaunt, dass die Schüler bei dir eine Uniform tragen müssen! Das sieht echt komisch und altmodisch aus – diese gestreifte Krawatte und die schwarze Schuljacke mit dem Abzeichen darauf. Und müssen die Jungen wirklich eine Schulmütze tragen?

  4 … Vanessa sah an ihrem Geburtstag so schön aus! Sie hatte einen neuen Rock an – dazu hat sie eine tolle Bluse getragen, tolle Ohrringe und neue Schuhe – sehr modisch!

> 1 C; 2 D; 3 A; 4 B

3 – Was für Filme sehen Sie gern?
  – Wollen Sie mit ins Kino gehen? Wenn ja, wann sind Sie frei?
  – Wo treffen wir uns?
  – Wie geht es Ihnen im Moment?
  – Wie sehen Sie aus?
  – Was tragen Sie im Moment?

Zum Üben: Solutions [page 117]

1 Johanna trägt ein gelbes Hemd, eine Denimjacke, eine blau- und braungestreifte Hose, Stiefel, und eine blaue Baseballmütze. Sie ist ziemlich groß und schlank, hat lange braune Haare und trägt eine Brille. Sie sieht nett und freundlich aus.

2 a Am 18. Mai <u>organisieren</u> **wir** ein Grillfest.

  b **Rüdiger und Max** <u>fahren</u> morgen früh nach Mainz.

  c **Ich** <u>habe</u> furchtbare Ohrenschmerzen.

  d Normalerweise <u>trägt</u> **Britta** nur dunkle Kleider.

  e In Berlin <u>kann</u> **man** die Siegessäule <u>besuchen</u>.

  f Morgen <u>haben</u> **wir** nur einen Termin frei.

  g In der Stadt <u>gibt</u> **es** sehr viele alte Gebäude.

3 a Ich habe Kopfschmerzen.
  b Ich habe Zahnschmerzen.
  c Mein Fuß tut weh.
  d Ich habe Fieber.
  e Ich habe Magenschmerzen.
  f Ich habe Halsschmerzen.

4 a Ich habe keine Zeit.
  b Manfred trägt einen schwarzen Pullover.
  c Trinken Sie viel Wasser.
  d Meine Mutter hat lange blonde Haare.
  e Treffen wir uns am Dienstag um 16.00 Uhr vor dem Bahnhof.
  f Möchten Sie mit mir in die Disco gehen?

5 a Ich habe einen **roten** Pullover.
  b Mein Hemd ist auch **rot**.
  c Ich mag gerne **rote** Schuhe.
  d Möchtest du die **rote** Jacke haben?
  e Ein **rotes** Kleid?! Wie schrecklich!
  f Ein **roter** Mantel ist sehr auffallend.
  g Die **roten** Blusen finde ich toll.

6 a **Hören** Sie gut zu.
  b **Lesen** Sie den Text.
  c **Füllen** Sie die Lücken aus.
  d **Bleiben** Sie im Bett.
  e **Trinken** Sie so viel wie möglich.
  f **Sagen** Sie mir Bescheid.

Vokabeltest: Solutions

Wie heißt das auf Deutsch?

der Geburtstag; ich tanze; machen; warum?; ich muss; die Gäste; das Kino; müde; die Zeit; der Kopfschmerzen; das Krankenhaus; sie treffen; gegenüber; die Hose; schön/nett; die Brille

... und auf Englisch?

day trip/excursion; we go bowling; flu; it hurts; cartoon; to begin; tie (noun); dress; cotton; she is wearing; coat; belt; suit; curly; eyes; love story

Kapitel 12 Urlaubsziele

Topics	Activities
◆ Weather	1–4
◆ Holiday plans	5–6
◆ Holiday brochures	7–10
◆ Describing a holiday	11–13
◆ Tourist destinations in Germany	14

Language	Activities	*Zum Lernen*
◆ Present tense with future meaning	4–5	note 1
◆ *war, waren*	11	note 2
◆ Expressions of time		note 3

1 Komisches Wetter! `page 118`

A poem to introduce weather vocabulary, with questions to focus more directly on new language.

◆ The recording of the poem can be used to practise pronunciation.
◆ You may wish to pre-teach or reinforce the weather vocabulary using flashcards or calendar and magazine pictures.

Montag: Es ist windig – das hasse ich.
Wandern gehen bei dem Wind ist nichts für mich.
Dienstag: Es ist schön – so ein Jammer!
Ich muss heut' arbeiten – in der dunklen Kammer.
Mittwoch: Es ist sonnig – wie gemein.
Ich muss schon wieder arbeiten – das ist nicht fein!
Donnerstag: Es regnet – das halt' ich nicht aus.
Ich wollt' in den Garten – nun bleib' ich im Haus.
Freitag: Es schneit – ein komisches Wetter,
Ich wollte Fußball spielen, mit meinem Vetter!
Samstag: Es ist nebelig – ganz schön dicht.
Es ist erst Mittag, und bei uns brennt schon Licht.
Sonntag: Es ist stürmisch – das ist nicht fair!
Ich hatte einen Ausflug vor, und zwar ans Meer!
Montag: Es ist kalt – ich bin so deprimiert,
Ich wollte heut' rausgehen, aber es friert.
Dienstag: Es ist heiß – ich puste und schwitze.
Ich hol' mir Eis und Limo gegen die Hitze.
Mittwoch: Es ist mild – nicht kalt, nicht heiß,
Kein Nebel, kein Schnee, kein Wind und kein Eis.
Regen und Sturm sind heute nicht da.
Ich bin sehr glücklich – ich freue mich – ja!

---

1 es ist schön; **2** wandern gehen; **3** Mittag; **4** er bleibt im Haus;
5 am Sonntag; **6** es ist sonnig; **7** Eis und Limo; **8** am zweiten Montag;
9 mild

---

2 Und wie ist das Wetter im Moment? `page 118`

An extended listening activity to reinforce weather vocabulary and to encourage students to extract relevant information.

◆ Solutions are emboldened in the transcript.

1 ● Mutti, hallo, hier ist Nina.
 ○ Nina! Wie toll, dass du anrufst! Wie geht es dir?
 ● Wirklich gut. **Japan** ist ja wunderbar – die Leute sind so freundlich, uns macht es hier sehr viel Spaß.
 ○ Ja? Und wie ist das Wetter in Japan? Auch **warm**, wie hier bei uns?
 ● Also im Moment nicht – **es regnet**.
 ○ Regen habt ihr?! Und was macht ihr denn alles …

2 ● Hans-Peter Schneider.
 ○ Hans-Peter, hier Birgit.
 ● Birgit … ehrlich? Rufst du denn aus **Australien** an?
 ○ . Ja, klar. Du, das ist so super hier – **fantastisches Wetter, sonnig und warm die ganze Zeit** – es ist Sommer, natürlich. Meine Tante und mein Onkel sind sehr nett und freuen sich total über meinen Besuch.
 ● Also du hast Glück! Wir haben im Moment **sehr viel Schnee – es schneit** draußen immer noch.
 ○ Fährst du denn Ski?

● Ja, am Wochenende schon. Sag mal, Birgit, wann kommst du denn zurück?
 ○ Heute in einer Woche. Bis dann, na? Tschüs, Hans-Peter. Mach's gut.
 ● Tschüs, Birgit. Viel Spaß noch.

3 ● Fledermann.
 ○ Heinrich, hier ist Bärbel. Ich rufe dich aus **Schottland** an. Ich bin mit meiner Gruppe aus der Volkshochschule auf Studienreise.
 ● Ja? Wie schön. Und? Wie ist das Wetter? Schlecht, oder?
 ○ Nein, gar nicht. Im Gegenteil – es ist **sehr heiß** hier, ein tolles Frühlingswetter. Und bei euch?
 ● **Sehr windig** – seit einigen Tagen schon. … Wo bist du denn genauer in Schottland? … (*fades*)

4 ● Klimek.
 ○ Viele Grüße aus **Finnland**, Lars. Hier ist Wolf.
 ● Wolf, hallo! Seid ihr denn gut angekommen? Wie findet ihr Finnland?
 ○ Also, wir sehen nicht viel von der Landschaft – es ist so **nebelig** hier, echt schade.
 ● Ja, das ist sehr schade. Hoffentlich kommt das schöne Wetter noch.
 ○ Ja, ich hoffe auch. Was macht das Wetter in Österreich?
 ● Heute ist es **mild** – nicht besonders warm, aber OK.
 ○ Dann möchte ich gleich zurückkommen! Du, sag mal …

5 ● Christiane Feuerbach.
 ○ Ach Christiane, du bist's endlich! Das war eine Geschichte, Anschluss zu deiner Nummer zu bekommen!
 ● Wieso ‚Anschluss zu bekommen'. Wer ist das, bitte?
 ○ Hier ist Rüdiger. Ich bin in **Chile**.
 ● Ach ja, natürlich. Ich hatte nicht erwartet, einen Anruf von dir zu bekommen! Wie geht es dir?
 ○ Mir geht es gut. Das ist ein fantastisches Land – ich habe so viel zu erzählen. Und dir?
 ● Ja, ziemlich gut. Sag mal, wie ist das Wetter in Chile?
 ○ Also wir sind hier sehr hoch, und es ist **kalt** – besonders in der Nacht.
 ● Ja? Das glaube ich. Hier ist es jetzt sehr **schön**, wirklich sommerlich. Wie lange bleibst du noch in Chile?

3 Ein Wörterdschungel `page 118`

A wordsearch to reinforce weather terms.

◆ All 10 weather terms are concealed in the grid.
❖ Students may like to make up their own wordsearch, individually or in groups, perhaps including days of the week or other topic-specific vocabulary as further revision.

L	R	E	G	N	E	T	W	S	E
P	N	D	S	E	D	P	I	O	K
D	K	A	F	B	M	G	N	N	H
S	C	H	N	E	I	T	D	N	J
C	R	P	Z	L	L	I	I	I	K
H	K	O	V	I	D	H	G	G	N
Ö	K	P	W	G	F	E	M	U	Z
N	A	Q	A	M	P	I	T	E	R
N	L	W	Z	E	C	S	F	D	D
S	T	Ü	R	M	I	S	C	H	W

4 Welche Wetterkarte ist das? `page 119` 🎧

A recorded weather forecast to encourage recognition of weather terms. Introduces words for seasons and the idea of present tense with future meaning.

❖ Students could attempt to write their own forecast based on the second weather map.

❖ The maps could be used as a stimulus for questions about the weather in different towns and countries; finding the temperatures in different places; guessing which season or month is probably correct for the maps.

Jetzt die Wettervorhersage. Ein Tiefdruckzentrum bei Schottland trennt warme und kalte Luft in Mitteleuropa. Diese Wetterfront liegt genau über Deutschland. Bewölkt oder bedeckt, wiederholt gibt es ein paar Tropfen Regen. Höchstwerte der Temperatur um 12 Grad am Nachmittag. Temperaturen in Deutschland: Hamburg – 4 Grad; Berlin – 4 Grad; Frankfurt – 14 Grad; Dresden – 3 Grad; Stuttgart – 13 Grad.

Karte B passt.
Es ist im Frühling (im März)

---

5 Was sind ihre Urlaubspläne? `page 119` 🎧

This listening activity introduces language for describing holiday plans.

◆ Although the reports are quite long, stress that only relevant information needs to be extracted. Language support is provided to help students complete the final column.

◆ Students should read through the menu before listening to familiarise themselves with any new vocabulary.

◆ The solution is emboldened in the transcript below.

1 – Ich fahre dieses Jahr **Ende August** mit meinem Freund nach **Schottland**. Wir fahren in die Highlands und nehmen unsere **Zelte** mit, also wir zelten, wie immer. Wir bleiben **zwei Wochen**, und wir wollen bergsteigen und die schönen Aussichten genießen, und dabei auch ein bisschen Ruhe finden! Ich freue mich schon riesig darauf. (**B; O; V**)

2 – Also wir machen dieses Jahr **im Juni** eine Bustour durch **Kalifornien**. Wir wollen natürlich so viel wie möglich vom Land sehen und die Sehenswürdigkeiten besichtigen, wie zum Beispiel Hollywood, Disneyland, die Golden Gate Brücke und so weiter. Wir übernachten in kleinen **Hotels**, und die ganze Tour dauert **drei Wochen**. (**A; D**)

3 – Für uns heißt Urlaub dieses Jahr **zwei Wochen** in **Goa** in Indien, wahrscheinlich **Mitte September**. Wir sind sieben in der Clique und wollen Motorräder ausleihen und damit die Gegend sehen. Wir wollen auch in der Sonne liegen, im **Hotel**schwimmbad schwimmen und viel Indisches essen. (**C; F; G; H; L**)

4 – Dieses Jahr bleibe ich hier **zu Hause**. Ich fahre nicht gern ins Ausland – mir gefällt es, meine eigene Gegend zu genießen, Wanderungen zu machen, auf dem See zu segeln und viel Tennis und Golf zu spielen. Ich mag auch grillen und im Garten ein Buch lesen. Wie das Wetter ist, ist mir auch egal. (**I; M; P; U; E; R**)

5 – Wir fahren dieses Jahr wie jedes Jahr nach **Frankreich**. Wir sind sechs Personen in der Familie, also wir mieten ein **Häuschen**, **ein ,gîte'**, und verbringen viel Zeit mit den Kindern am Strand. Meine Frau praktiziert auch sehr gern ihr Französisch. Wir bleiben **Mitte Juni** bis Anfang Juli – **zwei Wochen** insgesamt. (**J**)

6 – Im **Mai** fahre ich mit meinen Freundinnen nach **Mallorca**, in ein **Appartment**. Wir wollen viel Spaß haben – in der Sonne liegen, abends in der Disco tanzen, viel Sangria trinken, Jungen kennenlernen und so … **Eine Woche** ist aber viel zu kurz! (**C; Q; S; T; K**)

7 – Wir machen dieses Jahr eine Citytour von **Wien**. Das ist alles von der Reiseagentur geplant – tagsüber die Sehenswürdigkeiten besichtigen, und abends gibt es ein volles Unterhaltungsprogramm im **Hotel**. Wir fahren **Anfang Oktober**, und die Reise dauert **zehn Tage**. (**D; W**)

8 – Ich fahre dieses Jahr im **August** nach **Ludwigshafen** zu einem Aktivitäten-Urlaub für Jugendliche unter 25. Allerlei Sportarten und kreative Kurse werden angeboten. Ich möchte etwas Neues machen, wie zum Beispiel ein Instrument spielen lernen, oder eine neue Sprache lernen. Wir wohnen für den ganzen **Monat** in einem **Jugendgästeheim**. (**X; N**)

Was sind Ihre Urlaubspläne? `CM 12.1`

This structured pairwork activity enables students to talk about holiday plans, consolidating the language and vocabulary of the previous task.

◆ Each partner has one half of the copymaster. Students take it in turns to ask and answer questions based on the visual cues, and then fill in the answers on the table.

6 Und Sie? `page 119` 👥

This exercise allows students to talk more freely about their own holiday plans (true or fictitious) following the prompts in the Study Book.

◆ This could be done individually or in pairs, orally or in writing.

7 Wohin in Urlaub? Vielleicht nach Lanzarote … `page 120`

This double-page spread introduces a considerable amount of new vocabulary relating to holidays, based on realia. Questions on the passage test general comprehension.

❖ Any students who have been to Lanzarote or any other similar destination could say something about their holiday in German, using the brochure as a guide.

---

1 795 km²; 2 warm und trocken; 3 100; 4 Yaiza ist das sauberste Dorf Spaniens; 5 eine grüne Lagune; 6 Fisch; 7 auf einem Kamel; 8 die Kamera; 9 eine Vulkanlandschaft; 10 kostenlos

---

8 … oder nach London `page 120`

True/false questions to test comprehension of the text.

❖ Once again, students may like to tell the group what they like (or dislike) about London. If you have any pictures of London, you could bring them in for students to describe.

---

1 richtig; 2 falsch; 3 falsch; 4 richtig; 5 falsch; 6 richtig; 7 falsch; 8 falsch

---

9 … oder nach Florida `page 121`

A written gap-fill exercise tests comprehension of this text, and provides some revision of numbers.

❖ As follow-up, students could give their opinions on some of the sights mentioned.

---

1 zehn; 2 ein paar; 3 drei; 4 unzählige; 5 einiger; 6 eine; 7 wenige

---

10 Wie sagt man auf Deutsch …? `page 121`

This exercise revises new language from the spread as students complete a retranslation exercise based on all three locations.

---

1   … die älteste Untergrundbahn der Welt, die ,Tube', die sicherlich das bequemste Verkehrsmittel für Sie darstellt.

2   Nach der Mittagspause … geht es weiter zum Höhepunkt unserer Fahrt.

3   Für Kulturfanatiker gibt es in der 7-Millionen-Metropole eine unendliche Wahl.

4   Machen Sie eine Kreuzfahrt, auf der Sie sich so richtig verwöhnen lassen.

5   Hier kann man wirklich die Küche fast aller Länder der Welt kennenlernen.

6   Das Klima … erinnert viel an Afrika.

> 7 Es liegt ganz bei Ihnen, welchen Wunsch Sie sich erfüllen wollen.
> 8 Ein großer Vorteil ... ist, dass die ganze Vielfalt an Urlaubsmöglichkeiten binnen einiger Autostunden auf dem gut ausgebauten Straßennetz erreichbar ist.
> 9 ... auf diesen geduldigen ‚Wüstenschiffen‘ reiten wir langsam durch die erstaunliche Vulkanlandschaft von dem weltberühmten Park.

11 Wie war es im Urlaub? page 122–123

Continues the theme of the previous spread (holidays in Lanzarote, London and Florida), and encourages students to evaluate and compare the holidays. First appearance of *war* and *waren*.

- There is no single correct answer, so do encourage group discussion.
- The material introduces *war* and *waren*. You may want to highlight this at this stage, and introduce practice over the next couple of exercises.
- It may be helpful to do exercise 12 as a preparation for this activity.

12 Positiv? Negativ? page 123

More detailed evaluation of the holiday material, helping students to focus on the different aspects of each holiday.

Wie war Ihr Urlaub? CM 12.2

A pairwork exercise to practise talking about holidays and using the past tense.

- Students work in pairs, and each partner has a copy of the sheet. Students take turns to ask and answer questions describing the six holidays on the sheet.
- The questions required are given, and students should not attempt to be too ambitious in their accounts, or they will encounter difficulties in selecting the correct tense. *War/waren* will be sufficient to convey all the information on the sheet.

13 Jetzt sind Sie dran! page 123

A written exercise, replacing visuals with text, to complete work on holidays, bringing together language from several topic areas.

- Students may now be able to describe a holiday of their own, but encourage them to keep the language simple and based on the words they have encountered already.
- This could be extended by encouraging other students to note down the positive and negative aspects of these descriptions.

> Frankreich; Süden; heiß und sonnig; stürmisch; schön; Essen; wandern, lesen und schwimmen; Roma/Italien; die Fahrt; das Wetter

14 Urlaubsziele in Deutschland page 124

Reading comprehension offering information about some of the main areas in Germany popular with tourists.

- For the first part of the activity, students can refer to the map on p. 8 of the Study Book to help them name the towns.
- For the second part, students identify regions based on selected key words.

> 1 Berlin; 2 Kiel; 3 Lübeck; 4 Rostock; 5 Bremen; 6 Hamburg; 7 Hannover; 8 Osnabrück; 9 Dortmund; 10 Essen; 11 Düsseldorf; 12 Magdeburg; 13 Halle; 14 Erfurt; 15 Köln; 16 Bonn; 17 Koblenz; 18 Kassel; 19 Frankfurt; 20 Leipzig; 21 Dresden; 22 Mainz; 23 Saarbrücken; 24 Ludwigshafen; 25 Karlsruhe; 26 Stuttgart; 27 Nürnberg; 28 Augsburg; 29 München

> 1 der Schwarzwald; 2 die Nordseeküste; 3 der Harz; 4 die Eifel und das Moseltal; 5 der Bodensee und die Alpen; 6 die Lüneberger Heide; 7 das Rheinland; 8 die Mecklenburgische Seenplatte; 9 die Ostseeküste

Wie viel wissen Sie über Deutschland? CM 12.3

This quiz completes the core material of the unit.

- The quiz can be done individually or in groups. The idea is for students to research the questions themselves.
- Some suggestions for scoring:
  - teams could work through the whole quiz and note their answers. Award two points for a correct answer, one point if the town given is in the correct *Land*.
  - teams answer orally, with the first question going to team 1, the next to team 2, etc. If the question is answered wrongly, pass it to the next team and award an extra bonus point if they get it right.

> 1 Lübeck; 2 Frankfurt am Main; 3 München; 4 Hamburg; 5 Bremen; 6 Düsseldorf; 7 Meissen; 8 Ulm; 9 Bayreuth; 10 Worms; 11 Bonn; 12 Berlin; 13 Hannover; 14 Hameln; 15 Essen; 16 Potsdam; 17 3.10; 18 81 Millionen; 19 337 000 km²; 20 16

Und so weiter ...: Transcripts + Solutions page 125

1 1
- Guten Tag. Wie kann ich Ihnen helfen?
- Guten Tag. **Ich habe dieses Rezept vom Arzt** verschrieben bekommen.
- Ja. Können Sie bitte hier unterschreiben ... vielen Dank. Warten Sie mal einen Moment, bitte.
- So ... hier sind Ihre **Antibiotika**. Das kostet **15 Mark**, bitte.
- Vielen Dank. Hier, bitte.
- Ich danke auch.
- Auf Wiedersehen.
- Wiedersehen.

2
- Guten Tag. Haben Sie etwas gegen **Halsschmerzen**?
- Ja, natürlich. Dieser **Saft** hier ist sehr natürlich, aber auch sehr wirksam. Nehmen Sie ihn dreimal täglich vor dem Essen.
- So, vielen Dank. Ich hätte auch gern **Pflaster**, bitte.
- Ja, möchten Sie eine kleine oder eine große Packung?
- Ich nehme die kleine, bitte.
- Gut ... das kostet **zehn Mark 50** zusammen, bitte.
- Vielen Dank. Auf Wiedersehen.
- Auf Wiedersehen.

3
- Guten Tag. Ich suche **ein Spray gegen Mücken**, und haben Sie auch etwas gegen **Mückenstiche**?
- Haben wir, ja. ... Also, dieses **Spray** ist gut ... und diese **Salbe** ist sehr wirksam gegen Mückenstiche. Das müssen Sie bloß gut einreiben.
- So, vielen Dank. Ich nehme auch einige **schmerzstillende Tabletten**, bitte.
- Ja, diese hier sind gut, aber Vorsicht – sie sind auch ziemlich stark. Sie dürfen nicht mehr als acht Tabletten innerhalb von 24 Stunden nehmen.
- Ja, ich weiß. ... Was macht das insgesamt, bitte?
- Das macht ... **22 Mark 80**, bitte.
- So, bitte schön. Auf Wiedersehen.
- Auf Wiedersehen, und gute Besserung!

2
> a a 2; b 1; c 3; b c; c b; d c; e a; f a; g b

4
- Wie ist das Wetter normalerweise im Winter? Und im Sommer?
- Wie ist das Wetter heute?
- Was sind Ihre Urlaubspläne für dieses Jahr?
- Was machen Sie gern im Urlaub?
- Wo waren Sie letztes Jahr im Urlaub?
- War es schön oder nicht?
- Welche Gegend in Deutschland finden Sie am schönsten? Warum?

Zum Üben: Solutions `page 127`

1   **a** 7; **b** 1; **c** 6; **d** 2; **e** 5; **f** 3; **g** 4

2   **a** war; **b** waren; **c** war; **d** war; **e** war

3   Ich fahre dieses Jahr in Urlaub nach Irland. Ich wohne in einem Hotel. Ich möchte viel wandern, die Gegend besichtigen, die Aussichten genießen und ein bisschen Ruhe finden. Ich bleibe drei Wochen vom Ende Juni bis zur Mitte Juli.

4   a Mallorca; b Japan; c Indien; d Kalifornien; e Chile; f Lanzarote

5   *Corrected version:*

Wir **waren** dieses Jahr im Urlaub in Italien, und zwar in Sorrento im **Süden**. Wir waren vom Ende April bis zur Mitte Mai da – also **zwei Wochen**. Das Wetter **war** sehr schön – jeden Tag **heiß und sonnig**. Sorrento ist sehr schön – sehr hügelig mit vielen engen Gassen. Es gibt eine große Auswahl an Hotels – unser **Hotel** war ziemlich luxuriös aber dafür sehr preiswert. Ich esse besonders gern italienisch, und das Essen war **sehr gut**. Die Tagesausflüge waren sehr interessant, besonders der Ausflug **nach** Pompeii. Diesen Sommer wollen **wir** wieder nach **Italien** fahren.

6   liegen; spielen; besichtigen; tanzen; trinken; schwimmen; sehen; haben

Vokabeltest: Solution

Wie heißt das auf Deutsch?

es schneit; es regnet; es ist heiß; der Herbst; ... Grad; die Urlaubspläne; in der Sonne liegen; auf dem Strand; das Rezept; wissen; wandern; das Wetter

... und auf Englisch?

foggy; it is fun; landscape; weather forecast; to camp; to visit; to spend time; to hire; travel agent; North Sea coast; to prescribe; cream (medicinal); to sign

1 Zum Üben `page 128`

> Rainer ist ziemlich groß und etwas **dick**. Er hat **glatte** schwarze Haare und ist Brillenträger. Hier trägt er eine Jeans, dazu ein rot-**grün** gestreiftes T-Shirt. Er trägt seine **braune** Lederjacke in der Hand. Er sieht aber sehr **glücklich** aus – ihm geht es heute nicht so gut. Er hat Magenschmerzen und Kopfschmerzen, und ihm tut auch **das Bein** weh. Der Arzt sagt, er sollte gegen seine **Ohrenschmerzen** Hustenbonbons nehmen.

2 Zum Lesen `page 128` 🎧

> 1 Joseph and his Amazing Technicolor Dreamcoat
> 2 Gambler
> 3 Das Phantom der Oper
> 4 Cats
> 5 Sunset Boulevard
> 6 Miss Saigon
> 7 Grease
> 8 Starlight Express
> 9 Les Misérables
> 10 Buddy Holly Story

3 Zum Hören (1) `page 129` 🎧

- ● Also, Michael. Wir gehen alle zum 007-Abend im Kino.
- ○ Ja, gut. Ich sehe gerne James Bond-Filme. Du, Horst, wann beginnt der Film?
- ● Um 8 Uhr 15 – wir treffen uns um 8 Uhr vor dem Kino.
- ■ In Ordnung. Ich gehe auch zum Fußball am Nachmittag.
- ○ Ja? Wer spielt denn, Renate?
- ■ Hamburg gegen Köln.
- ○ Prima. Ich mache nichts Anderes. Ich komme mit, wenn das geht.
- ■ Natürlich! Das Spiel beginnt um zwei. Und du Horst? Kommst du auch mit?
- ● Ich muss einkaufen und übrigens hat meine Mutter Geburtstag – ich nehme am Nachmittag Kaffee und Kuchen bei ihr.
- ○ Kaufst du hier in der Stadt ein?
- ● Ja. Ich bin bis halb eins fertig.
- ○ Ich kaufe auch in der Stadt ein. Wir können zusammen bei McDonald's essen – sagen wir um Viertel vor eins?
- ● Ja, gut. Viertel vor eins bei McDonald's. Dann gehst du zum Fußball und ich gehe zu meiner Mutter. Renate, willst du auch mit uns essen?
- ■ Leider nicht. Ich habe zu viel zu tun bei mir. Ich muss das Auto waschen und die Wohnung ein bisschen sauber machen!

> A Horst   B Renate   C Michael

4 Zum Hören (2) `page 129` 🎧

1 Also wenn ich Zeit habe, dann gehe ich gerne auswärts essen. Am Wochenende treibe ich gern Sport. Sonntags steht Fußballspielen auf dem Programm. Das macht sehr viel Spaß. Aber noch lieber gehe ich abends mit Freunden aus, oder spiele eine Runde Schach. Schach spiele ich relativ regelmäßig – ein- oder zweimal in der Woche. Das Spiel interessiert mich sehr. Wenn ich dann noch dienstags Zeit habe, dann spiele ich in meinem Basketball Team. Natürlich verreise ich auch sehr gern.

2 Also ich finde es toll viele Hobbys zu haben. In meiner Freizeit, fahre ich gern Rad. Ich interessiere mich für das Fotografieren. Ich höre viel Musik, und ab und zu gehe ich auch sehr gerne ins Theater. Am Wochenende gehe ich oft mit Freunden ins Kino. Manchmal treibe ich auch Sport, zum Beispiel Aerobic macht mir viel Spaß. Im Winter finde ich es toll, Ski zu laufen.

3 Meine Hobbys – hmmm ... ich arbeite gern im Garten gerade im Frühling und im Sommer, wenn man das ernten kann oder umgraben oder Blumen pflucken. Das macht mir Freude. Ich gehe so oft in den Garten wie ich kann. Ansonsten mache ich Aerobic. Ich bin in einem Fitness Center und gehe dort zweimal in der Woche hin. Eigentlich finde ich das ja nicht so toll, aber man muß das ja tun, um fit zu bleiben. Fernsehen ... nee, Fernsehen ... ich sehe nicht gern fern. Ich habe auch gar kein Fernseher. Mir tun da immer die Augen so weh und also ... finde ich das meistens ziemlich blöd. Ansonsten gehe ich sehr gern ins Kino. Das ist was anderes als fernsehen, weil ... ich weiß nicht, man sitzt mit mehreren Leuten da und es macht einfach Spaß. Ja sonst ... Schach spielen – das habe ich vor langer Zeit mal gelernt, aber ich glaube, richtig gut bin ich da nicht drin ... bisschen langsam im Gehirn! Aber Spaß macht's trotzdem. Fußball kann ich nicht so gut leiden. Es ist langweilig. Außerdem

verstehe ich das Abseits nicht. Hmmm, tja und sonst ... manchmal gehe ich in die Disco um zu tanzen ... es ist immer so lustig wenn die Leute lachen wenn ich tanze! Ja, und ansonsten finde ich es sehr erholsam, Badminton zu spielen. Da kann man sich so schön entspannen, wenn der Ball immer hin und her fliegt ... Tja, das wären eigentlich alles meine Hobbys. Vielleicht kommen ja auch später noch ein paar dazu.

4 Ja also meine Hobbys? Das ist ganz leicht. Ich bin ein sehr musische Mensch, und deswegen gehe ich auch viel ins Theater. Das ist eine meiner Lieblingsbeschäftigungen. Ich wohne in Berlin, und da gibt es ganz viele Theater und man kann jeden Abend etwas anderes sich anschauen. Manchmal gehe ich in die Oper, oder in das Schauspiel, auch ein Musical schaue ich mir ab und zu an. Anschließend gehe ich dann meistens noch essen, was besonders schön ist, wenn mann mit einer großen Truppe unterwegs ist, und dann so richtig einen gemütlichen Abend verbringen kann. Manchmal gehe ich noch natürlich auch ins Kino. Die neuesten Filme sind immer die Besten und ich darf immer keinen verpassen, alle neuen Filme muss ich unbedingt sehen. Ja natürlich treibe ich auch ein bisschen Sport. Ich mache zwar nicht Aerobic, aber ich gehe zum Jazz-Training. Da treffen wir uns in einem Balettsaal und vorne tanzt jemand vor, und wir versuchen die schweren Schritte nachzutanzen. Was ich besonders blöd finde als Freizeitbeschäftigung ist Briefmarken sammeln. Das ist mir zu langweilig. Ich gehe dann lieber Squash spielen mit meiner Freundin, und danach, natürlich wieder essen. Trinken ist für mich keine gute Freizeitbeschäftigung, aber wann es sich ergibt, wie gesagt, mit Freunden nach einem Theaterbesuch, dann trinke ich natürlich auch.

5 Zum Sprechen 🎧

Am Bahnhof

- ● Bitte schön?
  <pause>
- ● Der nächste Zug ... fährt um 14.30 Uhr, also in einer halben Stunde.
  <pause>
- ● Nein, das ist nicht nötig. Der Zug ist direkt.
  <pause>
- ● Ja natürlich. Erste oder zweite Klasse?
  <pause>
- ● Ist gut. 55 Mark, bitte.
  <pause>
- ● Am Donnerstag ... Moment ... ja, es gibt einen Intercity um 9.25 Uhr.
  <pause>

Lösung

- ● Bitte schön?
- ○ Wann fährt der nächste Zug nach Heidelberg, bitte?
- ● Der nächste Zug ... fährt um 14.30 Uhr, also in einer halben Stunde.
- ○ Muss ich umsteigen?
- ● Nein, das ist nicht nötig. Der Zug ist direkt.
- ○ Ich hätte gern einmal hin und zurück nach Heidelberg, bitte.
- ● Ja, natürlich. Erste oder zweite Klasse?
- ○ Zweite Klasse, bitte.
- ● Ist gut. 55 Mark, bitte.
- ○ Fährt am Donnerstag gegen 9.00 Uhr ein Zug von Heidelberg zurück?
- ● Am Donnerstag ... Moment ... ja, es gibt einen Intercity um 9.25 Uhr.
- ○ Vielen Dank. Auf Wiedersehen.

An der Tankstelle

- ● Guten Tag. Kann ich Ihnen helfen?
  <pause>
- ● So ... sonst noch einen Wunsch?
  <pause>
- ● Ja ... der linke Reifen vorne braucht etwas Luft ... der Ölstand ist in Ordnung.
  <pause>
- ● Gehen Sie bitte rein – Sie bezahlen da an der Kasse.

Lösung

- ● Guten Tag. Kann ich Ihnen helfen?
- ○ 60 Liter Bleifrei, bitte.
- ● So ... sonst noch einen Wunsch?
- ○ Könnten Sie die Reifen und den Ölstand prüfen, bitte?
- ● Ja ... der linke Reifen vorne braucht etwas Luft ... der Ölstand ist in Ordnung.
- ○ Was kostet das, bitte?
- ● Gehen Sie bitte rein – Sie bezahlen da an der Kasse.

Länderspiel

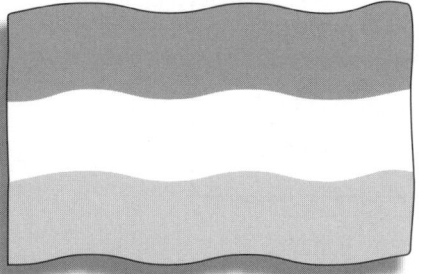

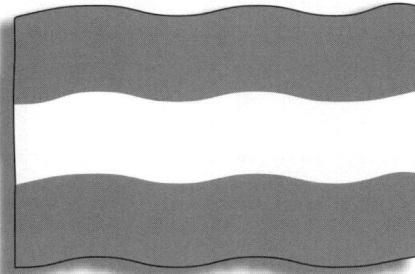

Ich komme aus der Schweiz.		Ich komme aus Schottland.	
Ich komme aus Belgien.		Ich komme aus England.	
Ich komme aus Italien.		Ich komme aus Holland.	
Ich komme aus Frankreich.		Ich komme aus Deutschland.	
Ich komme aus Österreich.		Ich komme aus Dänemark.	
Ich komme aus Spanien.		Ich komme aus Wales.	

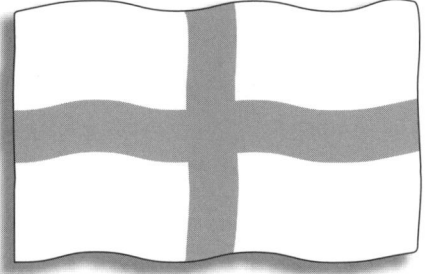

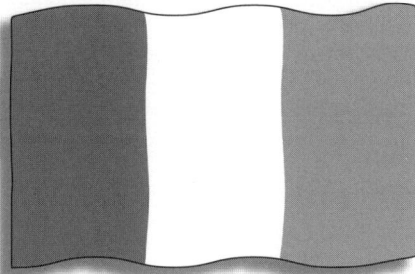

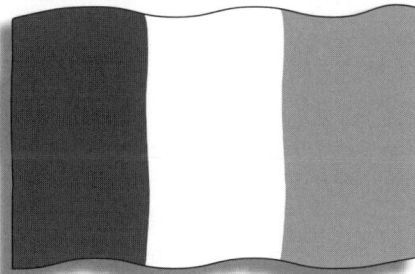

© Cambridge University Press 1998

Aber woher kommen Sie?

Work in pairs. Fill in the gaps, selecting the correct town or country name from the menu.

Rotterdam

Irland

Guildford

Deutschland

Kopenhagen

Frankreich

Barcelona

Österreich

Antwerpen

der Schweiz

Stirling

Italien

1 Ich komme aus _____ – ich wohne in Rouen.

2 Ich komme aus Spanien – ich wohne in _____.

3 Ich komme aus Schottland – ich wohne in _____.

4 Ich komme aus Belgien – ich wohne in _____.

5 Ich komme aus _____ – ich wohne in Bern.

6 Ich komme aus England – ich wohne in _____.

7 Ich komme aus _____ – ich wohne in Linz.

8 Ich komme aus Holland – ich wohne in _____.

9 Ich komme aus _____ – ich wohne in Neapel.

10 Ich komme aus Dänemark – ich wohne in _____.

11 Ich komme aus _____ – ich wohne in Dublin.

12 Ich komme aus _____ – ich wohne in Freiburg.

Now take it in turns to ask and answer the following questions:

– Wie heißen Sie?

– Woher kommen Sie?

– Wo wohnen Sie?

Niemeyer Rotterdam	**Donaghue** Cork	**Norton** Guildford
Krempe Düsseldorf	**Kroog** Kopenhagen	**Lebrun** Lille
Garcia Barcelona	**Domesch** Linz	**Hissel** Antwerpen
Lafontaine Genf	**McDonald** Stirling	**Rosetti** Rom

Kreuzworträtsel

Waagerecht ▶

1 + 7 _____ _____ ! Ich bin Frau Schmidt. [5 + 6]

3 achtzig – neunundsiebzig [4]

7 Sehen Sie 1 waagerecht.

9 Ich komme aus Deutschland. Ich _____ in München. [5]

11 __ gibt 10 Häuser in unserer Straße. [2]

12 + 10 senkrecht Wie ___ Ihr ___ ? [3 + 4]

13 zwölf + neun – achtzehn [4]

14 München liegt __ Süden. [2]

17 __ war schön, mit Ihnen zu sprechen. [2]

19 _____ kommen Sie? [5]

20 ‚Zwei' am Telefon. [3]

21 Wie alt _____ Sie? [4]

Senkrecht ▾

1 Ich komme aus _____britannien. (N. B. ß = SS) [5]

2 Guten ___ ! [3]

4 ___ heiße Ursula Schmidt. [3]

5 Wie heißen ___ ? [3]

6 hundert – achtundfünfzig – vierzig = _____ [4]

7 _____ Name ist Schmidt. [4]

8 Hamburg liegt im _____ . [6]

10 Sehen Sie 12 waagerecht.

15 ‚Nein' auf Englisch. [2]

16 Ich komme ___ der Schweiz. [3]

18 München liegt in ___deutschland. [3]

19 __ liegt das? [2]

Ich heiße Jochen Schuhmacher.

Ach so! Ich auch!

Berufsspiel

Arzt	Lehrer	Polizist	Krankenpfleger
Ärztin	Lehrerin	Polizistin	Krankenschwester
Briefträger	Kellner	Koch	Bankangestellter
Briefträgerin	Kellnerin	Köchin	Bankangestellte

Partnerspiel

Nachname: Fischer

Vorname: Gudrun

Staatsangehörigkeit: Deutsche

Alter: 41

Adresse: Poststraße 40

Telefonnummer: 32 16 81

Beruf: Krankenschwester

Nachname: Rellstab

Vorname: Michael

Staatsangehörigkeit: Österreicher

Alter: 59

Adresse: Krokusweg 7

Telefonnummer: 66 35 90

Beruf: Automechaniker

Nachname: Fischer

Vorname: Gudrun

Staatsangehörigkeit: Deutsche

Alter: 41

Adresse: Poststraße 40

Telefonnummer: 32 16 81

Beruf: Lehrerin

Nachname: Rellstab

Vorname: Markus

Staatsangehörigkeit: Österreicher

Alter: 59

Adresse: Krokusweg 7

Telefonnummer: 66 35 90

Beruf: Automechaniker

Nachname: Fischer

Vorname: Gisela

Staatsangehörigkeit: Deutsche

Alter: 41

Adresse: Poststraße 40

Telefonnummer: 32 16 81

Beruf: Krankenschwester

Nachname: Rellstab

Vorname: Michael

Staatsangehörigkeit: Österreicher

Alter: 59

Adresse: Krokusweg 3

Telefonnummer: 66 35 90

Beruf: Automechaniker

Nachname: Fischer

Vorname: Gudrun

Staatsangehörigkeit: Deutsche

Alter: 46

Adresse: Poststraße 40

Telefonnummer: 32 16 81

Beruf: Krankenschwester

Nachname: Rellstab

Vorname: Michael

Staatsangehörigkeit: Österreicher

Alter: 59

Adresse: Krokusweg 3

Telefonnummer: 66 35 90

Beruf: Klempner

© Cambridge University Press 1998

Stellengesuche

Read the small ads. and fill in the table in English. Use a dictionary to look up any new words.

1

Sekretärin 36 J., Engl., Franz., PC-Erfahrung, Steno., engagiert, selbst arbeitend, sucht Aushilfstätigkeit bei Urlaubs- und Krankheitsvertretung.

2

Marketing – engagierte Frau sucht eine neue berufliche Herausforderung im Bereich Marketing. Anfang 40 mit Hochschulstudium bz. kaufmännische Ausbildung, will 20–25 St./Woche arbeiten. Hochmotiviert, teamfähig, verfügt über PC-Kenntnisse sowie Erfahrung im Umgang mit Kunden.

3

Speditionskaufmann mit Führungserfahrung, 48 Jahre jung, sucht verantwortliche Aufgabe im nationalen LKW-Verkehr, Industrie, Handel oder Spedition.

4

Büroangestellte, 45 J., langjährige Berufserfahrung, versiert in verschiedenen Textverarbeitungsprogrammen, EDV, allgemeine Büroarbeit, sucht Anstellung in Teil- oder Vollzeit, gern Rechtsanwalt oder Steuerberater.

5

Koch/Hotelbetriebswirt, 32 J., mehrjährige Erfahrung in der Systemgastronomie, sucht neue verantwortungsvolle Aufgabe in der Gastronomie oder im Cateringbereich.

6

Mac-Grafiker mit Mediendesign-Ausbildung, 39 J., Quark XPress, Freehand, Photoshop. Lingo-Kenntnisse, Berufserfahrung in Agentur, Verlag und Werbeabteilung. Sucht neuen interessanten Wirkungskreis.

7

Haushaltshilfe/Kinderbetreuung, Frau von 45 J., Vollzeit auf Dauer. Tiere angenehm. Umzug möglich.

8

Netzwerkspezialist, 34 J., Berufserfahrung in Planung, Installation und Administration von PC-Netzwerken (Novell, Windows NT), Kommunikation (E-Mail, Fax, Internet), Mainframe-Anbindung, MS Produktpalette, Programmierung. Flexibel, kreativ und belastbar. Sucht anspruchsvolle Aufgabe.

9

Dipl.-Sportlehrerin, 35, zusatzqualifiziert – Sporttherapeut (Orthopädie/Rheumatologie), flexibel, dynamisch, sucht neue Herausforderung.

Beispiel	male/female? age?	job sought	experience/ qualifications	personal qualities	requirements (hours, etc.)
1	female 36	secretary	English, French PC, shorthand	committed, works independently	holiday/ sickness cover
2					
3					
4					
5					
6					
7					
8					
9					

Er wohnt, sie wohnt

A You have two sets of information about people. Your partner wishes to find out about them. Answer your partner's questions, then ask questions yourself to find out about Maria Schneider and Ruth and Wolfgang Lehrmann. Fill in the information below.

1 **Name:** Heinrich Klein
Alter: 30
Beruf: Ingenieur
Familienstand: ledig
Wohnort: München
Haus: Einfamilienhaus

2 **Name:** Doris und Robert Losch
Alter: 45/48
Beruf: Hausfrau/Elektriker
Familienstand: verheiratet
Wohnort: Dresden
Haus: Reihenhaus

3 Wie alt ist Maria Schneider?

Alter: _____

Was ist sie von Beruf?

Beruf: _____

Ist sie verheiratet?

Familienstand: _____

Wo wohnt sie?

Wohnort: _____

Wie ist ihr Haus?

Haus: _____

4 Wie alt sind Ruth und Wolfgang Lehrmann?

Alter: _____

Was sind sie von Beruf?

Beruf: _____

Sind sie verheiratet?

Familienstand: _____

Wo wohnen sie?

Wohnort: _____

Wie ist ihr Haus?

Haus: _____

- ✂ - - - - - -

B Your partner has two sets of information about people, which you wish to find out. Ask questions to find out about Heinrich Klein and Doris and Robert Losch. Fill in the information below. Then answer your partner's questions about Maria Schneider and Ruth and Wolfgang Lehrmann.

Wie alt ist Heinrich Klein?

Alter: _____

Was ist er von Beruf?

Beruf: _____

Ist er verheiratet?

Familienstand: _____

Wo wohnt er?

Wohnort: _____

Wie ist sein Haus?

Haus: _____

Wie alt sind Doris und Robert Losch?

Alter: _____

Was sind sie von Beruf?

Beruf: _____

Sind sie verheiratet?

Familienstand: _____

Wo wohnen sie?

Wohnort: _____

Wie ist ihr Haus?

Haus: _____

Name: Maria Schneider
Alter: 44
Beruf: Verkäuferin
Familienstand: geschieden
Wohnort: Stuttgart
Haus: Wohnung

Name: Ruth und Wolfgang Lehrmann
Alter: 64/65
Beruf: Rentnerin/Rentner
Familienstand: verheiratet
Wohnort: Hamburg
Haus: Einfamilienhaus

Wie ist die Stereoanlage?

1

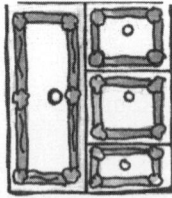

– nicht schön

– zu hell

– nicht aus Holz

die Stereoanlage? _____

die Waschmaschine? _____

das Bett? _____

2

– zu hart

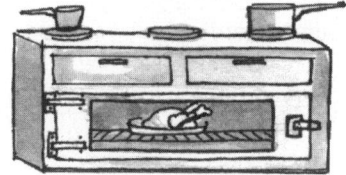

– zu lang

– zu teuer

die Lampe? _____

der Tisch? _____

das Sofa? _____

3

– zu altmodisch

– zu hoch

– zu klein

der Stuhl? _____

der Herd? _____

der Fernseher? _____

4

– zu bunt

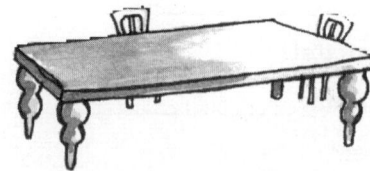

– zu groß

– zu weich

der Schrank? _____

das Bücherregal?

_____

Große Wortsuche

Find the thirty words hidden in the grid. The words run vertically and horizontally.

BADEZIMMER	IST	RECHTS	UNTEN
BETT	KELLER	REIHENHAUS	VERHEIRATET
BUNT	KLEIN	SCHLAFZIMMER	WASCHMASCHINE
DORF	LAMPE	SOFA	WEICH
EINFAMILIENHAUS	LANG	STADTRAND	WOHNUNG
ESSZIMMER	LEDIG	STUHL	WOHNZIMMER
FERNSEHER	LINKS	TISCH	
HIER	OBEN	TOILETTE	

B	E	T	T	B	A	D	E	Z	I	M	M	E	R	T	R	W
L	I	N	K	S	Q	P	W	O	H	N	U	N	G	O	E	O
T	F	T	O	B	E	N	L	A	N	G	E	S	S	I	C	H
I	B	U	N	T	K	L	E	I	N	W	S	O	T	L	H	N
S	X	U	T	F	Z	B	D	V	D	L	S	F	A	E	T	Z
C	Z	I	V	K	K	E	L	L	E	R	Z	A	D	T	S	I
H	G	F	U	U	R	R	T	Q	O	J	I	P	T	T	C	M
F	E	R	N	S	E	H	E	R	G	J	M	L	R	E	H	M
V	E	R	H	E	I	R	A	T	E	T	M	G	A	W	L	E
S	T	U	H	L	K	U	D	P	I	I	E	T	N	E	A	R
Z	A	V	B	W	T	Y	X	S	D	O	R	F	D	I	F	N
O	P	A	V	V	Z	X	F	P	L	A	M	P	E	C	Z	F
X	Z	I	S	T	E	O	U	G	I	T	H	P	E	H	I	K
W	A	S	C	H	M	A	S	C	H	I	N	E	A	O	M	O
R	E	I	H	E	N	H	A	U	S	U	N	T	E	N	M	E
E	I	N	F	A	M	I	L	I	E	N	H	A	U	S	E	W
U	J	D	H	I	E	R	X	Z	W	L	E	D	I	G	R	H

Familienkreuzworträtsel

Waagerecht ▶

1 Ich habe zwei Töchter und eine _____. [12]

4 Ich bin ein Einzelkind. Ich _____ keine Geschwister. [4]

5 Der Sohn von meiner Schwester. [5]

8 Ich bin _____. Mein Mann heißt Ralf. [11]

10 ____ ist meine Familie. [3]

12 ___ und Sie heißen ‚you' auf Englisch. [2]

13 ‚Haben Sie _____?' ‚Ja, zwei Brüder.' [11]

14 Er, sie, ____ . [2]

15 Wir sind verheiratet, aber wir haben keine ____. [6]

Senkrecht ▼

1 Der Bruder von meiner Tochter. [4]

2 Die zwei Schwestern von meinem Vater. [6]

3 Das ist Paul. _____ ist mein Cousin. [2]

6 Meine _____ heißt Elke. Ich liebe sie! [4]

7 Mein Bruder ____ keine Kinder. [3]

8 Meine Mutter und mein ____ sind 58 Jahre alt. [5]

9 Das ist mein Haus. ____ ist klein. [2]

11 Das ____ meine Schwestern. [4]

12 Meine ____ Schwestern heißen Anna, Eva und Ines. [4]

© Cambridge University Press 1998

Haustiere

der Hund	der Hamster	der Goldfisch	der Kanarienvogel

der Wellensittich	der Papagei	die Katze	die Maus

die Ratte	die Schildkröte	die Schlange	das Pferd

das Kaninchen	das Meerschweinchen	das Insekt	kein Haustier

Welche Person ist das? 🎧

1

Sie haben:

eine Tochter – ledig.
einen Sohn – verheiratet mit
    2 Kindern (8 + 3 Jahre).
Ihre Frau ist gestorben.

2

Sie haben:

keine Kinder.
einen Bruder (35 Jahre).
Ihr Mann ist 40 Jahre alt.

3

Sie sind:

ledig.
Sie haben 3 Schwestern und einen Bruder.
Ihr Bruder hat eine Tochter (2 Jahre).

4

Sie haben:

2 Töchter (20 + 17 Jahre).
einen Stiefsohn (15 Jahre).
keine Geschwister.

5

Sie haben:

zwei Söhne.
Wir sind elf Cousins.
einen Neffen, eine Nichte (7 + 4 Jahre).

6

Sie sind:

geschieden.
Sie haben aber 2 Kinder (12 + 10 Jahre).
Sie haben eine Schwester und eine
    Stiefschwester.

7

Sie sind:

verheiratet.
Sie haben 4 Kinder (16, 12, 10, 8 Jahre).
Sie haben keine Neffen oder Nichten.

8

Sie sind:

Großvater von 9 Enkelkindern
    (5 Mädchen, 4 Jungen).
Ihre Frau ist gestorben.

9

Sie haben:

6 Schwestern, 2 Brüder.
3 Onkel, 3 Tanten.
14 Cousins.
keine Kinder.

10

Sie sind:

ledig aber verlobt.
Ihre Eltern sind gestorben.
Sie heiraten am 1. März.
Sie haben 2 Brüder.

11

Sie sind:

ein Einzelkind.
Sie haben eine Stieftochter und einen
    Stiefsohn.
Sie sind 50 Jahre alt.

12

Sie haben:

3 Kinder.
eine Schwester mit 4 Kindern, derunter
    Zwillinge (3 Jahre).

Eine Nahrungsmittelumfrage

Work in pairs.
Ask the others in the group the questions below, and fill in the chart with ticks and crosses.

Beispiel *Essen Sie gern Kuchen?*
Ja, ich esse gern Kuchen./Nein, ich esse nicht gern Kuchen.

Name

Essen Sie gern ...?

Trinken Sie gern ...?

Was essen die meisten Leute gern?

Was trinken die meisten Leute gern?

Ich möchte ...

ANFANG

1

2

3

4

5

6 + milk + + milk

7

8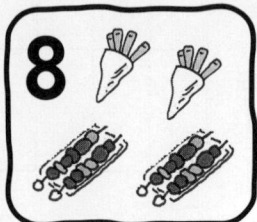

9

10

11

12

13

14

15

16

17

18

19

20 curry sauce

21

22 + cream + milk

ENDE

Guten Appetit!

Work in pairs. You are at a family meal. Look at the pictures and make up a dialogue.

Nützliche Ausdrücke / *Useful expressions*	
Guten Appetit!	Gibst du mir ... (+ *accusative*), bitte.
Was möchtest du?	Der/die/das ... schmeckt gut.
Möchtest du ... (+ *accusative*)?	Darf ich (+ *accusative*) ... haben, bitte?
Noch etwas ...?	Ja, ich möchte ... (+ *accusative*) haben, bitte.
Etwas zu trinken?	Nein, danke, ich bin satt / das reicht.

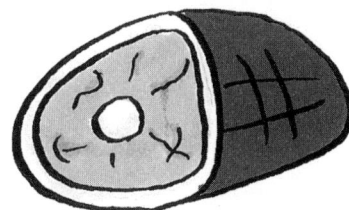

Das Einkaufsspiel

10 Eier

$\frac{1}{2}$ Liter Buttermilch

1 Pkg. Kaffee (500 g)

3 Stk. Apfelkuchen

1 Landbrot

1 kg Zwiebeln

500 g Bohnen

1 Pfd. Kirschen

1 kg Schweinefleisch

250 g Leberwurst

---

400 g Schinken

2 kg Rind

1 Pfd. Butter

2 Fl. Milch

500 g Margarine

1 Pkg. Müsli

12 Brötchen

1 Pflaumentorte

500 g Tomaten

1 Pfd. Pfirsiche

---

1 Brot

10 Brötchen

400 g Schinken

500 g Hackfleisch

1 Hähnchen

1 Pfd. Bananen

1 kg Karotten

1 l Milch

$\frac{1}{4}$ Pf. Camembert

1 Tube Tomatenmark

$\frac{1}{2}$ Pfd. Butter

1 Fl. Milch

1 Pkg. Kaffee (500 g)

500 g Kalbfleisch

250 g Salamiwurst

1 Toastbrot

1 Erdbeertorte

1 Stück Käsekuchen

1 kg Äpfel

2 Blumenkohl

---

2 Pfd. Bananen

1 kg Zwiebeln

1 Pfd. Emmentaler

$\frac{1}{4}$ Pfd. Schafskäse

1l Buttermilch

1 Pkg. Müsli

250 g Salamiwurst

500 g Hackfleisch

4 Stk. Schwarzwälder

6 Brötchen

---

250 g Schinken

500 g Rindfleisch

1 Pfd. Jägerwurst

2 Landbrote

12 Brötchen

3 Pfd. Äpfel

1 kg Zwiebeln

10 große Eier

2 Fl. Milch

1 Pkg. Reis

Das Einkaufsspiel

Bäckerei-Konditorei

Brot	500 g	DM 3,00
Landbrot	500 g	DM 7,00
Toastbrot	300 g	DM 1,80
Brötchen	Stk.	DM 0,40

Kuchen:
(Apfel, Schwarzwälder)		DM 42,50
	Stk.	DM 4,25

Obsttorten:
(Erdbeer, Pflaumen)		DM 44,50
	Stk.	DM 5,50

Metzgerei

Schweinefleisch	kg	DM 20,00
Rindfleisch	kg	DM 20,00
Kalbfleisch	kg	DM 30,00
Hackfleisch	kg	DM 8,00
Koteletts	kg	DM 12,00

Aufschnitt:
Schinken	100 g	DM 3,00
Salamiwurst	100 g	DM 3,50
Leberwurst	100 g	DM 2,80

Lebensmittelgeschäft

Eier (kl.)	10	DM 5,00
Eier (gr.)	10	DM 6,00
Butter	$\frac{1}{2}$ Pfd.	DM 2,50

Käse:
Gouda	Pfd.	DM 10,00
Emmentaler	Pfd.	DM 12,50
Französischer Weichkäse		
Camembert	Pfd.	DM 10,00
Milch	Liter	DM 1,80
Buttermilch	Liter	DM 2,00
Reis	500 g	DM 3,99
Kaffee	500 g	DM 12,00
Müsli	375 g	DM 6,00
Tomatenmark	200 g	DM 2,00

Markt

Äpfel	Pfd.	DM 3,00
Bananen	Pfd.	DM 3,50
Kirschen	Pfd.	DM 3,60
Pfirsiche	Pfd.	DM 4,00
Karotten	kg	DM 2,50
Zwiebeln	kg	DM 2,00
Kohl	Stk.	DM 3,00
Blumenkohl	Stk.	DM 3,00
Tomaten	kg	DM 6,00

Was macht das?

Write out the following amounts in German words.

 *DM 54,80* *sFr 9,35*  *öS 118,99*

1 _____ 2 _____ 3 _____

 *DM 60,16*  *öS477,00*  *sFr 19,47*

4 _____ 5 _____ 6 _____

 *DM 389,94*  *sFr 35,70*

7 _____ 8 _____

Das Kaufhausspiel

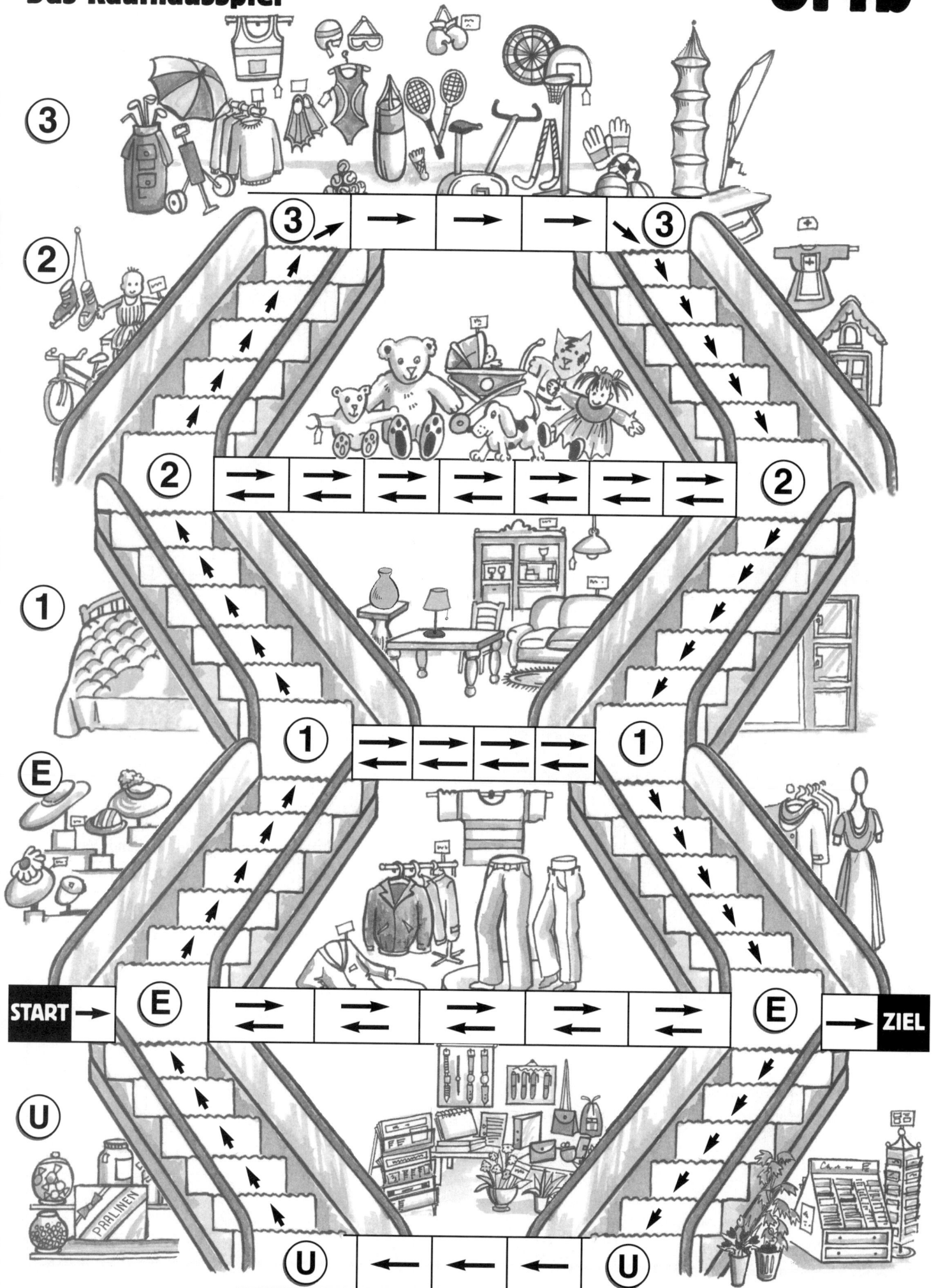

Das Kaufhausspiel

6.4b

③

②

①

Ⓔ

Ⓤ

START →

③ ↗ → → → ↘ ③

② ⇄ ⇄ ⇄ ⇄ ⇄ ⇄ ⇄ ②

① ⇄ ⇄ ⇄ ⇄ ①

Ⓔ ⇄ ⇄ ⇄ ⇄ ⇄ Ⓔ → **ZIEL**

Ⓤ ← ← ← Ⓤ

Ich möchte ein Zimmer reservieren

A You want to reserve a room in the Hotel Tiefenthal. Look at the symbols and ask questions. Your partner plays the role of the receptionist. Make notes in the spaces provided.

1  Preis? _____

_____

2  Preis? _____

_____

3  Preis? _____

_____

4  Preis? _____

_____

B You are the receptionist at the Hotel Tiefenthal. Answer your partner's questions and make notes in the table provided.

Hotel Tiefenthal

Ein traditionelles Haus mit persönlicher Atmosphäre und freundlichem Service, 20 Minuten vom Ortszentrum.

Komfortable Gästezimmer mit
- Bad / Dusche / fließend Wasser + WC
- Farb-TV
- Telefon
- Radio
- Minibar
- Fön

Das Hotel bietet Ihnen auch:
- Restaurant
- Hausbar
- zwei Zimmer für Rollstuhlfahrer (Hotel auch rollstuhlgängig)
- Hotelparkplätze
- Lift
- Aufenthaltsräume

Bitte keine Haustiere!
Kinder- und Gruppenermäßigung möglich
Kreditkarten akzeptiert

Preise (inklusive Frühstück, Bedienung und Mehrwertsteuer)

	mit Bad/Dusche	mit fließend Wasser
Einzelzimmer	DM 128	DM 110
Doppelzimmer	DM 98	DM 80
3-Bett-Zimmer	DM 90	DM 70

	Was für ein Zimmer?	Von wann bis wann?
1		
2		
3		
4		

Ein Rätsel

Read the statements A-D and look at the pictures. Who is speaking each time?

Mario wohnt in einem Hotel.

Mora wohnt in einer Ferienwohnung.

Marianne wohnt auf einem Campingplatz.

Mustafa wohnt in einer Jugendherberge.

A Hier gibt es viel Platz.

Ich habe keine Dusche.

Ich muss selber kochen und abwaschen.

Ich darf den Hund mitbringen.

Ich habe ein Zimmer für mich alleine.

Hier gibt es zwei Schwimmbäder.

Wer spricht?

B Hier habe ich ziemlich viel Platz.

Ich wohne im ersten Stock.

Ich muss selber kochen und abwaschen.

Ich darf den Hund nicht mitbringen.

Ich habe eine Dusche.

Ich habe ein Zimmer für mich allein.

Hier gibt es kein Schwimmbad.

Wer spricht?

C Ich wohne im ersten Stock.

Ich muss nicht selber kochen oder abwaschen.

Ich habe eine Dusche im Zimmer.

Ich darf den Hund nicht mitbringen.

Ich habe ein Zimmer für mich allein.

Hier gibt es ein Schwimmbad.

Wer spricht?

D Ich wohne im ersten Stock.

Ich muss nach dem Essen selber abwaschen.

Ich darf den Hund nicht mitbringen.

Ich habe keine Dusche im Zimmer.

Ich muss mein Zimmer mit 11 anderen teilen.

Hier gibt es kein Schwimmbad.

Wer spricht?

Das Stadtspiel

Bank	Tankstelle	Schuhladen	Reiseagentur	Café-Konditorei	Busbahnhof
Restaurant					→
Kino					
Sportgeschäft					
Rathaus					
U-Bahn	↑				
Museum					
Nikolaikirche					
Disco					
Theater					←
zur Polizei zurück ↗	Kaufhaus	Pension	Post	Gaststätte ‚zum goldenen Adler'	Verkehrsamt

Das Stadtspiel

Busbahnhof	Obst- und Gemüsegeschäft	Mode-Shop	Schreibwaren	Alles für das Kind	Polizei

→

Lebensmittel

Buchhandlung

Bäckerei

Fleischerei

Hauptbahnhof

↓

Zeitungen

Blumen

Apotheke

Drogerie

←

Verkehrsamt	Supermarkt	Schnellimbiss	Hotel	Markt	Parkplatz

Andis Handy 🎧

Look at the plan and listen to the recording. Andi has six packets to deliver, but he doesn't know the town very well and he keeps phoning his boss for directions. Write the names of the places he delivers to in the correct place.

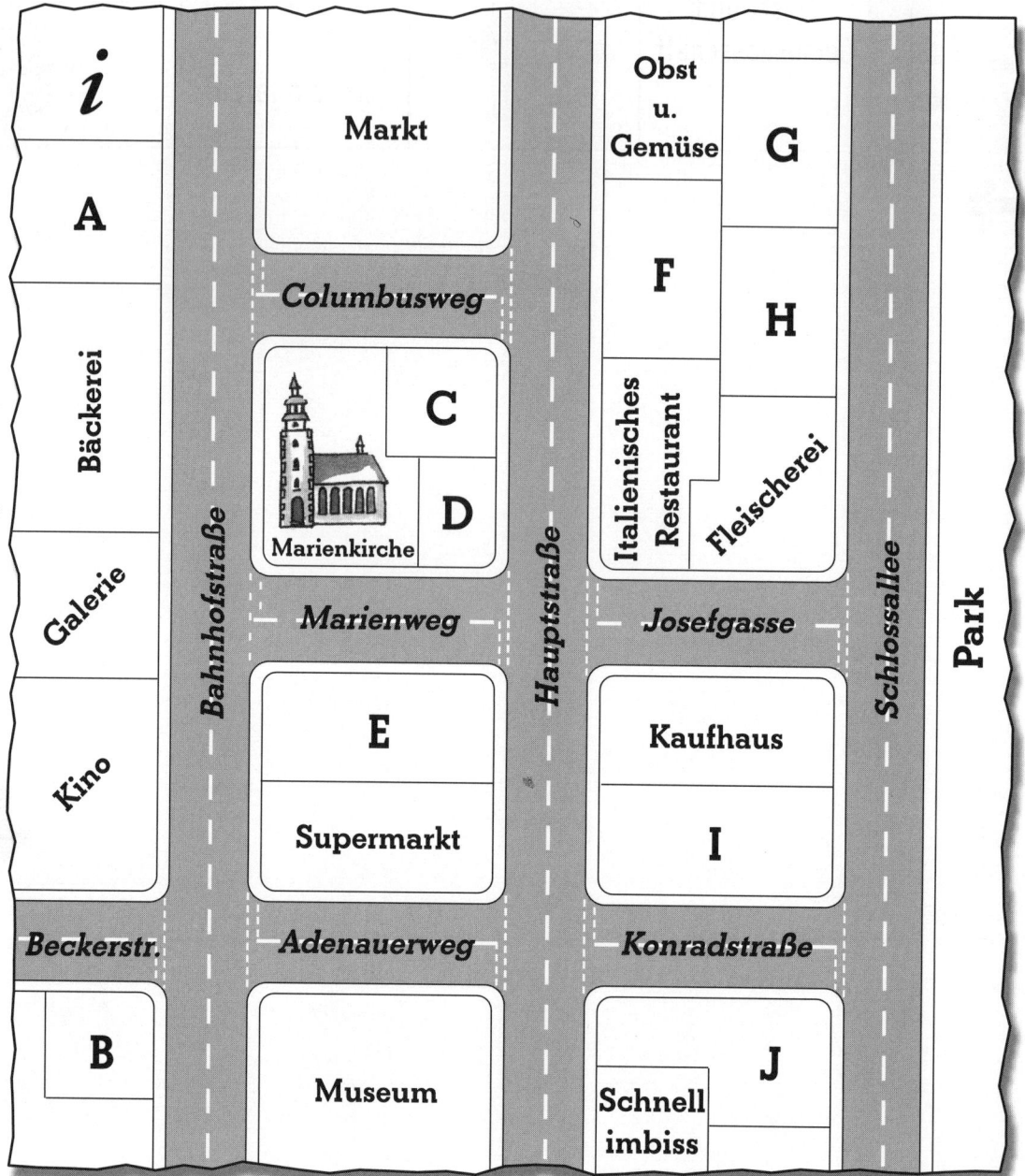

Frau Ahrens
Rathaus

Herr Cornelsen
Restaurant 'zum Schloss'

Frau Dorn
Blumengeschäft

Herr Büttig
Theater

Firma Ehring
Buchhandlung

Frau Friedrichs
Café-Konditorei

i

A

Bäckerei

Galerie

Kino

Bahnhofstraße

Markt

Columbusweg

C

D

Marienkirche

Marienweg

E

Supermarkt

Beckerstr.

B

Adenauerweg

Museum

Hauptstraße

Obst u. Gemüse

G

F

H

Italienisches Restaurant

Fleischerei

Josefgasse

Kaufhaus

I

Konradstraße

Schnell imbiss

J

Schlossallee

Park

Can you now describe the best route to deliver all the packets quickly?
Note down the names and letters of any other places mentioned.

Dominospiel: Alltag

07:15	16:00	19:45	06:00
Ich frühstücke.	Ich esse zu Mittag.	Ich esse zu Abend.	Ich gehe ins Bett.

06:50	12:40	19:00	22:30
Ich ziehe mich an.	Die Arbeit beginnt.	Ich gehe einkaufen.	Ich lese.

06:30	08:00	17:25	21:15
Ich dusche.	Ich fahre zur Arbeit.	Ich gehe zum Sportzentrum.	Ich sehe fern.

06:10	07:20	16:10	20:00
Ich stehe auf.	Ich gehe aus dem Haus.	Ich verlasse die Arbeit.	Ich wasche ab.

Hobbys

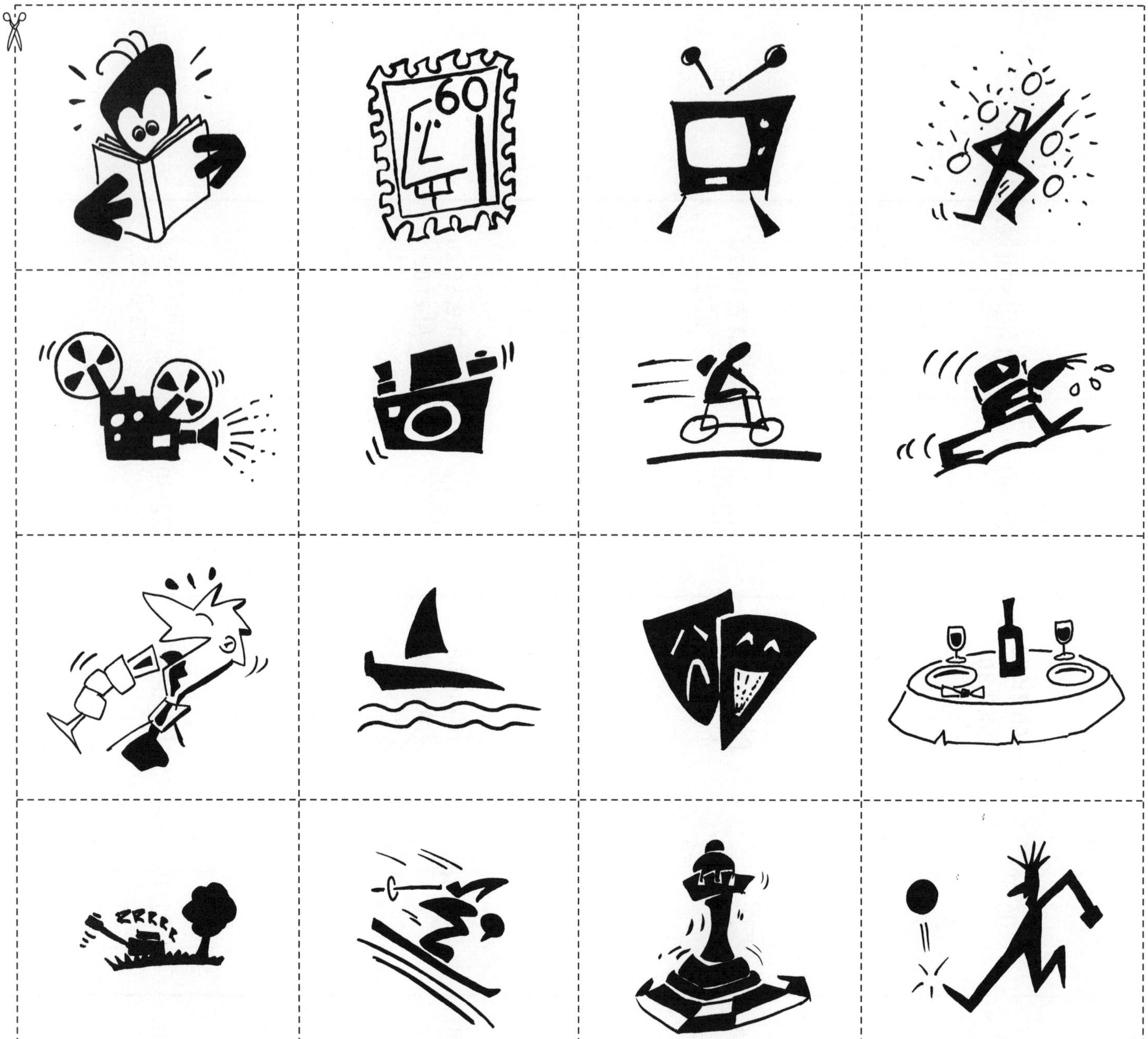

Umfrage

Which hobbies are the most popular? Carry out a survey in the class and complete the table.

Die Hobbys:

lesen

fernsehen

in die Disco gehen / tanzen

sammeln (Postkarten/Briefmarken/Münzen/…)

Rad fahren

stricken

wandern

fotografieren

ins Kino/Theater gehen

in Konzerte gehen

ins Restaurant gehen

in die Kneipe gehen

Ski laufen

segeln

im Garten arbeiten

Schach spielen

Fußball spielen

Golf spielen

Tennis spielen

Badminton/Federball spielen

Aerobic machen

reiten

Musik hören

Gitarre/Klavier/… spielen

schwimmen/baden

tauchen

fischen/angeln

grillen

anderes

Die Fragen:

Was machen Sie gern?   Was machen Sie lieber?   Was machen Sie am liebsten?   Was machen Sie nicht gern?

	Name	gern	lieber	am liebsten	nicht gern
1					
2					
3					
4					
5					
6					
7					
8					
9					
10					
11					
12					

Weiteres:

Warum machen Sie das gern oder nicht gern?

Das ist sehr interessant / macht Spaß / …

Das ist langweilig / zu teuer / zu anstrengend / …

Verkehrsmittel

mit der Bahn (mit dem Zug)	mit der U-Bahn / mit der S-Bahn	mit der Straßenbahn

mit der Fähre	mit dem Bus	mit dem Auto (mit dem Wagen)

mit dem Taxi	mit dem Rad	mit dem Motorrad
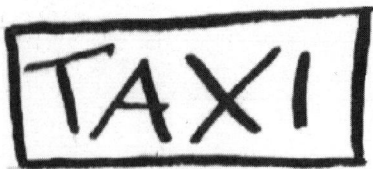		
mit dem Mofa	mit dem Flugzeug (ich fliege)	zu Fuß
		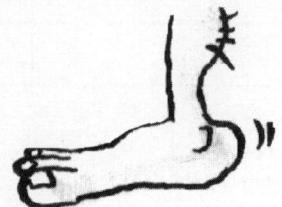

Kreuzworträtsel

Waagerecht ▶

1 Von hier fährt man mit dem Zug. (7)
7 Sie stecken Geld ein und bekommen eine Fahrkarte von einem … (9)
8 Abkürzung für Hansestadt Hamburg. (2)
9 Ich fahre … . Ich gehe zu Fuß. (5)
12 Wo ist hier bitte … Apotheke? (4)
14 Das ist nicht der Anfang. (4)
15 Ich habe meinen Koffer verloren. Er ist … und schwarz. (5)
16 Das Fundbüro? … ist auf der Ebene 1. (2)
17 Morgens stehe ich um 7 Uhr auf, gehe ins Badezimmer und … mich. (6)
19 Wann kommt der Zug an? Sehen Sie auf den Plan unter ‚…'. (7)
21 InterCityExpress – Abkürzung. (3)
23 Wo ist das …büro? Ich habe meine Tasche verloren. (4)
25 Von hier fliegt man ab. (9)
27 Ich fahre mit dem … in die Stadt. (3) ⓐ
30 + **29s** Zweimal nach Bonn, (29 senkrecht) und … (6) ⓑ
31 Ich möchte ein Auto für einen … mieten. (3) ⓒ
33 Voll… bitte. (6) ⓓ
36 Wann kommst … nach Deutschland? (2)
37 30 Liter … bitte. (8)

Senkrecht ▼

1 U-, S-, Straßen- oder Deutsche? (4)
2, 3 Ich möchte … Berlin … . Wann fährt der nächste Zug? (4) (6)
4 Ich möchte … gegen 10 Uhr in Bonn sein. (10) ⓔ
5 + **10s** Haben Sie (10 senkrecht) Führerschein … ? (5)
6 Der Zug fährt von Gleis … ab (4) ⓕ
10 Sehen Sie sich 5 senkrecht an. (5)
11 Was gibt es in Frankfurt zu … ? (3)
13 Nicht zweite Klasse. (5) ⓖ
18 Einmal … nach München. (7) ⓗ
19 Wann fährt der Zug ab? Sehen Sie auf den Plan unter ‚…'. (7)
20 Mein Auto ist kaputt. Ich gehe heute zu … (4)
22 Ich fahre nicht mehr Rad. Ich bin 90. Ich bin zu … (3)
24 Deutsche Bahn – Abkürzung. (2)
26 Wo … kommen Sie? Aus England? (3)
28 Das Fundbüro ist ▼ …, neben der Gepäckausgabe. (5)
29 Sehen Sie 30 waagerecht. (3) ⓑ
30 Ein Zug, zwei … (4)
32 Um wie viel Uhr kommt der Zug … ? (2)
34 Ich weiß nicht, aber er fährt um 2 Uhr … (2)
35 Wo ist der Supermarkt? … ist auf der Ebene 0. (2)
36 Zwischen Montag und Mittwoch – Abkürzung. (2)

Das Verkehrsmittelspiel

6 Wie fahren Sie?

5 Wie fahren Sie?

7 Sie haben Ihren Führerschein nicht dabei. Einmal aussetzen.

17 Wie fahren Sie? Bleifrei ist alle! 3 Felder zurück.

18 Wie fahren Sie?

4 Sie finden Ihren Weg mit der U-Bahn. 2 Felder vor.

19 Fragen Sie Folgendes:

16 Wie fahren Sie?

8 Der Zug hat 20 Minuten Verspätung. 2 Felder zurück.

26 Wie fahren Sie?

20 Die Autoreifen brauchen Luft. Einmal aussetzen.

27 Fernsehturm. Wie kommen Sie mit der U-Bahn dahin? Fragen Sie.

25 Fragen Sie Folgendes: Voll

15 Landungsbrücken. Wie kommen Sie mit der U-Bahn dahin? Fragen Sie.

3 Sie müssen umsteigen. Einmal aussetzen.

ZIEL

30 Wie fahren Sie?

9 Fragen Sie Folgendes:

21 Wie fahren Sie?

28 Der Flug hat 30 Minuten Verspätung. Zweimal aussetzen.

29 Sie nehmen ein Taxi! 2 Felder vor.

24 Sie brauchen Informationen über den nächsten Zug nach Kiel: Wann? Gleis? Umsteigen? Preis? Zuschlag?

14 Wie fahren Sie?

2 Kaufen Sie diese Fahrkarte: 1x → Bonn Preis?

22 Kaufen Sie diese Fahrkarte: 2x ↔ Heidelberg 1. Klasse, Preis?

23 Wie fahren Sie?

13 Sie fahren nach Genf. Fragen Sie über den nächsten Zug: Wann? Gleis? Umsteigen? Preis? Zuschlag?

10 Sie fliegen direkt. 2 Felder vor.

1 Wie fahren Sie?

11 Sie haben eine Panne. Einmal aussetzen.

12 Wie fahren Sie?

START

SCHULE

Haben Sie diese Woche was vor?

11.1

A

	Vormittag	Nachmittag	Abend
Mo.	arbeiten	arbeiten	Sportverein
Di.	arbeiten	arbeiten	FREI
Mi.	arbeiten	arbeiten	Kino
Do.	arbeiten	arbeiten	FREI
Fr.	arbeiten	arbeiten	FREI
Sa.	FREI	einkaufen	FREI
So.	Kirche	FREI	Besuch

B

	Vormittag	Nachmittag	Abend
Mo.	FREI	FREI	arbeiten
Di.	Uni	Uni	FREI
Mi.	Uni	Uni	Kneipe
Do.	Uni	Uni	FREI
Fr.	Uni	Uni	Kneipe
Sa.	FREI	nach Hause fahren	zu Hause
So.	zurückkommen	FREI	Kneipe

C

	Vormittag	Nachmittag	Abend
Mo.	schwimmen	Tennis	arbeiten
Di.	Basketball	Tennis	FREI
Mi.	FREI	einkaufen	Besuch
Do.	arbeiten	Hausarbeit	arbeiten
Fr.	Tagesausflug	Tagesausflug	arbeiten
Sa.	FREI	schwimmen	FREI
So.	Mutter besuchen	FREI	FREI

D

	Vormittag	Nachmittag	Abend
Mo.	arbeiten	arbeiten	FREI
Di.	arbeiten	arbeiten	FREI
Mi.	arbeiten	arbeiten	kegeln
Do.	arbeiten	arbeiten	Abendschule
Fr.	arbeiten	arbeiten	Kneipe
Sa.	FREI	fernsehen	Theater
So.	Krafttraining	FREI	FREI

Darf ich heute einen Termin haben?

TERMINE: Do. 3. November		
Zeit	**Name**	**Was fehlt ihm/ihr?**
10.00		
10.10		
10.20		
10.30		
10.40		
10.50		
11.00		
11.10		
11.20		
11.30		
11.40		
11.50		

A

nicht zwischen 10.30–10.50 Uhr

B

vor 10.20 Uhr

C

nach 11.00 Uhr

D

vor 11.30 Uhr

E

nach 10.30 Uhr

F

nicht zwischen 11.00–11.30 Uhr

G

irgendwann

H

irgendwann

I

irgendwann

J

gegen 11.00 Uhr

K

lieber früher als später

L

irgendwann

Kleider kaufen

Look at the example and make up conversations with a partner.

Beispiel

○ Guten Tag. Kann ich Ihnen helfen?

■ Ja, ich möchte diesen Pullover anprobieren, bitte.

○ Ja, natürlich. Die Umkleidekabine ist dort drüben ... Passt das?

■ Nein, der Pullover ist zu groß. Haben Sie kleiner?

○ Ja, aber nur in gelb oder grün.

■ Den grünen Pullover finde ich schön. Ist der aus Wolle?

○ Nein, aus Baumwolle. Möchten Sie den anprobieren?

■ Ja, bitte. ... Er passt gut. Ich nehme den Pullover. Was kostet das?

○ Neunzig Mark. Sie bezahlen dort drüben, an der Kasse.

1 ○ Guten Tag. Kann ich Ihnen _____?

   ■ Ja, ich möchte diese [Bild] anprobieren, bitte.

   ○ Ja, natürlich. Die _____ ist dort drüben ... Passt das?

   ■ Nein, die _____ ist zu klein. Haben Sie größer?

   ○ Ja, aber nur in **reD** oder **boWn**.

   ■ Die **RED** Hose finde ich schön. Ist die aus Baumwolle?

   ○ Nein, aus Elasthan. Möchten Sie die anprobieren?

   ■ Ja, bitte. ... Sie passt gut. Ich nehme _____ _____. Was kostet das?

   ○ 120 Mark. Sie bezahlen dort drüben, an der Kasse.

2 ○ _____ _____. Kann ich Ihnen _____?

   ■ Ja, ich _____ dieses [Bild] anprobieren, bitte.

   ○ Ja, natürlich. Die _____ ist _____ _____ ... Passt das?

   ■ Nein, das _____ ist zu [Bild]. Haben Sie _____?

   ○ Ja, aber nur in **oranGe** oder **bluE**.

   ■ Das **BLUE** _____ finde ich schön. Ist das aus Baumwolle?

   ○ Ja. Möchten Sie das _____?

   ■ Ja, bitte. ... Es _____ gut. Ich nehme _____ _____. Was kostet das?

   ○ _____ Mark. Sie bezahlen dort drüben, an der _____.

3 ○ _____ _____. Kann ich _____ _____?

   ■ Ja, ich _____ diese [Bild] _____, bitte.

   ○ Ja, natürlich. Welche Größe sind Sie?

   ■ Größe _____.

   ○ So ... hier ist Ihre Größe. Passt das?

   ■ Nein, die _____ sind zu eng. Haben Sie _____?

   ○ Ja, aber nur in **bläk** oder **WhIte**.

   ■ Die **BlAck** _____ finde ich schön. Sind sie aus Leder?

   ○ Nein, aus Wildleder. Möchten Sie die _____?

   ■ Ja, bitte. ... Sie _____ gut. Ich nehme _____ _____. Was kosten sie?

   ○ _____ Mark. Sie _____ dort drüben, an der _____.

Was sind Ihre Urlaubspläne?

A Where is your partner going on holiday this year? Ask questions and fill in the
table. Then answer your partner's questions.

	Wohin?	Wann?	Wie lange?	Wo wohnen?	Was machen?
1					
2					
3					

4

3. 7. – 17. 7.

5

19. 5. – 26. 5.

6

20. 10. – 27. 10.

- -

B Answer your partner's questions about your holidays. Then ask your partner
questions about their own holidays and fill in the table.

1

1. 9. – 28. 9.

2

10. 8. – 24. 8.

3 HARZ MOUNTAINS

3. 2. – 10. 2.

	Wohin?	Wann?	Wie lange?	Wo wohnen?	Was machen?
4					
5					
6					

Wie war Ihr Urlaub?

With a partner, take it in turns to ask and answer the following questions about holidays.
Partner A answers questions about holidays 1–3, Partner B answers questions about holidays 4–6.

Fragen

Wo waren Sie im Urlaub?
Wie war ... das Hotel / das Essen / das Wetter / die Hinreise / die Rückreise / der Ort?
Was war sonst noch gut?

---

1 Wo? Spanien

Hotel: OK

Wetter:

Essen: nicht schlecht
Hinreise: Flug sehr gut
Rückreise: Flug auch gut
Ort: typisch für Südspanien / lebendig / modern
Sonstiges: Discos gut, aber Musik zu laut

---

2 Wo? Griechenland

Hotel: gemütlich und preiswert

Wetter:

Essen: super
Hinreise: Flug sehr schlecht
Rückreise: Flug OK
Ort: wunderschön, klein, ruhig
Sonstiges: Tavernas sehr toll; Meer warm; Temperatur zu heiß

---

3 Wo? Dänemark

Hotel: nicht gut – und viel zu teuer

Wetter:

Essen: sehr lecker
Hinreise: Schiffreise von Hamburg schlecht – stürmisch
Rückreise: Schiffreise OK
Ort: ein bisschen langweilig, nicht besonders interessant
Sonstiges: Leute freundlich; Unterhaltungsprogramm lustig

---

4 Wo? Teneriffa

Hotel: fantastisch

Wetter:

Essen: gut
Hinreise: Flug sehr gut
Rückreise: Flug furchtbar
Ort: modern/lebendig/hügelig
Sonstiges: Ausflüge interessant; Sand schwarz – nicht schön

---

5 Wo? Ungarn

Hotel: OK

Wetter:

Essen: nicht schlecht
Hinreise: Busreise lang, aber OK
Rückreise: Busreise gut
Ort: sehr interessant / billig
Sonstiges: Sprache sehr schwierig / vieles wie in Deutschland

---

6 Wo? Wales

Hotel: nicht besonders schön

Wetter:

Essen: gut
Hinreise: Flug sehr gut
Rückreise: Flug auch gut
Ort: Sehenswürdigkeiten sehr interessant / Theater + Konzerte prima
Sonstiges: Leute nett und hilfsbereit / Kultur – Sprache usw. sehr interessant

Wie viel wissen Sie über Deutschland?

1   Welche Stadt ist für ihr Marzipan berühmt? _____

2   Welche Stadt war der Geburtsort vom Dichter Goethe? _____

3   Welche Stadt hat ein berühmtes Olympiastadion (für die Spiele im Jahre 1972 gebaut)? _____

4   Welche Stadt ist die ‚Tor zur Welt‘? _____

5   Welche Stadt hat ein berühmtes Denkmal von einigen Stadtmusikanten? _____

6   Welche Stadt ist die Hauptstadt vom Ruhrgebiet? _____

7   Welche Stadt ist für ihr blau-weißes Porzellan sehr berühmt? _____

8   Welche Stadt hat den höchsten Kirchturm der Welt? _____

9   Welche Stadt mit ihrem Festspielhaus erinnert an Richard Wagner? _____

10   1521 – der Reformator Martin Luther rechtfertigt seine Lehre in dieser Stadt. _____

11   In welcher Stadt war das frühere Bundeshaus? _____

12   Welche Stadt war früher durch eine Mauer getrennt? _____

13   Hier in dieser Stadt spricht man angeblich das reinste Hochdeutsch. _____

14   Welche Stadt ist für ihre Geschichte von einem Rattenfänger berühmt? _____

15   Welcher Stadtname heißt auch ‚to eat‘? _____

16   In welcher Stadt war die berühmte Konferenz nach dem Krieg im Jahre 1945? _____

17   Wann ist der Tag der deutschen Einheit?

       1. 5.   3. 10.   9. 11.

18   Wie viele Einwohner hat Deutschland?

       61 Millionen   71 Millionen   81 Millionen

19   Wie groß ist Deutschland?

       337 000 km^2 505 000 km^2 544 000 km^2

20   Wie viele Bundesländer gibt es?

       12   16   20